ケインズはこう言った
迷走日本を古典で斬る

高橋伸彰 Takahashi Nobuaki

NHK出版新書
386

ケインズはこう言った──迷走日本を古典で斬る　目次

序章　いま、ケインズから何を学ぶべきか？

――マシンとフィロソフィー

時評家ケインズ

本書の主役は二〇世紀を代表する経済学者、ジョン・メイナード・ケインズ（John Maynard Keynes、以下ケインズという）である。ケインズならば、迷走日本を見てどのような処方箋・解決策を提言するだろうか。あらかじめ私の考えを述べておけば、**現在の喫緊の課題は、デフレ脱却でも財政再建でもない。何よりも雇用の不安を止めることである。**そしてケインズもまた、そのような視点から提言を試みるに違いない。それが本書を貫く問題意識である。

ケインズは一八八三年六月五日、イギリスの静かな町ケンブリッジ、ハーヴェイ・ロード（Harvey Road）六番地の広大なヴィクトリア王朝風の家で生まれた。[*1] そして、一九四六年四月二一日、サセックス州ティルトンの自宅で持病の心臓発作により急逝《きゅうせい》した。享年六二、必ずしも長くはない生涯を終えた翌日の『ザ・タイムズ』紙には「彼の死によって、イギリスは偉大なイギリス人を失った」との一文から始まる長い追悼文が掲載された。

主著は『雇用、利子および貨幣の一般理論』（以下『一般理論』という）、公刊されたのは一九三六年、ケインズが五二歳のときである。『一般理論』のほかに『貨幣改革論』（一九二三年）と『貨幣論』（一九三〇年）という二冊の専門書を著したケインズは、いわゆる象《ぞう》牙《げ》の塔の学者ではなかった。実際、全三〇巻に及ぶ著作集に収録されている文献の多くも時評（パンフレット）、すなわち時々の経済問題とその解決策に関する手際の良い評論が中心である。ケインズは自らをパンフレッターと称し、体系的な研究書よりもむしろ時評の発表を好んだ。

ケインズ経済学の特徴①——理論よりも問題解決

私は理論的な研究書とされる『一般理論』も、ケインズにとっては時評だったと考えている。ケインズの経済学では、その時々における緊要な経済問題は何かという洞察《どうさつ》が先に現れ、理論は具体的な政策に客観的な説得力を持たせるトゥール（道具）として後から登場する。その構成は『一般理論』も例外ではない。これに対し、ケインズが批判した古典派（当時の主流派）の経済学では、合理的な経済活動を説明する抽象的な理論が先に登場し、具体的な政策は理論の応用として後から現れる。

つまり両者の間には、鍵を落として部屋に入れずに困っている人がいたら、必死で道具を揃えて鍵を開けようとする〝実務家〟と、困っている人の声には耳を傾けずに、どの部屋の鍵でも開けられるマスターキーがあれば、問題は解決すると一般論を説くだけの〝学者〟の違いがある。ケインズは理論自体の体系性や整合性あるいは学問としての正統性よりも、**現実が直面する問題を解決できるか否かのほうを重視した**。それが**ケインズのフィロソフィー**、すなわち**経済学に対する考え方**だからである。

たとえば、ケインズが『貨幣論』から『一般理論』への移行過程で、物価の安定よりも雇用の安定へと関心を移したのは、当時のイギリスにおいて雇用問題がデフレよりも深刻化し始めていたからだ。実際、一九二〇年代のイギリス経済は、第一次世界大戦後に急騰した物価が一九二〇年をピークにだらだらと下落を続けるなかで、失業率は二桁台まで上昇した後も高止まりを続け、長期金利も一時乱高下した後は下げ止まり、歴史的に見ても二〇年代は高い水準で推移していた。

とくに一九二九年に世界大恐慌に陥ってからは、働きたくても働く機会を得られない「**非自発的失業**」が増加し、労働運動も激化の一途を辿《たど》っていたのである。

それにもかかわらず、古典派の雇用理論からは有効な政策を導き出すことはできなかった。一ページにも満たない『一般理論』第一章の結びで、古典派に雇用問題の解決を委《ゆだ》ねておけば人びとの不満が極限まで高まり悲惨な事態を招くとケインズが警告したのは、非自発的失業の存在がイギリス社会を不安に陥《おとしい》れ、ひいては経済体制の転覆《てんぷく》にまで発展する危険があると直感したからにほかならない。

ケインズ経済学の特徴②——形式は専門書、内容は時評

もちろん、当時の古典派も現行の賃金で働く意欲と能力がありながら、失業を強いられている人が存在することは認めていた。ケインズと違っていたのは、労働組合と企業が交渉して貨幣賃金を引き下げることができれば、失業している多くの人は職を得られると楽観していた点だ。

実際、古典派（正確には『一般理論』に現れる古典派）は、一九二〇年代以降の高い失業率を前にしても、失業の主因は労働組合の抵抗による実質賃金の高止まりにあるという主張を譲らなかった。**実質賃金**とは物価を考慮に入れた賃金額、これに対して貨幣額で表したものが**貨幣（名目）賃金**である。たとえば、貨幣賃金が一割上がっても物価が一割を超えて上昇するならば、実質賃金は下落することになる。その逆もまた同様である。

古典派の主張に対し、ケインズは次のように反論した。貨幣賃金の引き下げに個別の労働組合が抵抗しているのは、ほかの労働者と比較して自分たちの賃金だけが下がることを嫌うからである。つまり、ほかの労働者より安い賃金で働くことに納得できないからだ。

他方、貨幣賃金の引き下げではなく一般物価、すなわち商品全体の価格上昇によって労働者全員の実質賃金が同時に下がる場合には、労働組合は表立って抵抗はしない。ケインズは、そう考えたのである。

それでは一般物価の上昇によって実質賃金が下がれば、非自発的失業は自然に解消されるのだろうか。詳細は第三章で述べるが、ケインズが『一般理論』で明らかにした非自発的失業の原因は**経済全体の需要不足**である。すなわち、生産した商品がすべて売れるほどの需要を企業が期待できないために、企業が雇用を抑えることによって発生する失業であり、それは実質賃金の低下だけでは救済できない失業である。

古典派は実質賃金さえ下がれば労働需要は増えると主張した。だが、ケインズは貨幣賃金の引き下げによって経済全体の需要が減少し、生産した商品が売れ残れば一般物価も下落して実質賃金は企業が当初期待したほどには下がらず、場合によっては上昇し、非自発的失業を解決できないと反論したのである。

ケインズが『一般理論』の序文で、「本書の主たる読者」は経済学の専門家であり、一般の読者ではないと断ったのは、必ずしも理論的な難題が『一般理論』で議論されているからではない。

非自発的失業の解決を阻《はば》む根因が、イングランド銀行やイギリス大蔵省の政策決定者が学生時代に学んだ古典派理論の誤りにある以上、まずは**経済学を教える立場の専門家にその誤りを気づいてもらうのが先決**だと考えたからである。その意味で『一般理論』は理論的な論争の専門書と呼ぶより、**専門書の形式を装った時評**と呼ぶほうが相応《ふさわ》しい。

なぜ金融危機後のケインズ復活論は失速したのか

こうした時評へのこだわりがケインズの経済学の中心にあるとすれば、その可能性は『一般理論』に登場する**マシン（政策）よりも、危機の本質を洞察し有効な解決策を示そうとするフィロソフィー（思考）にある**。ケインズが『一般理論』を書いた背景には、現実の経済においてもっとも重要な問題は雇用であり、安定した雇用機会が損なわれると、悲惨な結果を招来《しょうらい》するかもしれないという懸念があった。

ケインズが『一般理論』で唱えた金融政策や財政政策は、非自発的失業を減らすためのマシンに過ぎない。マシンに過ぎない以上、不断の点検を怠《おこた》り、漫然と使い続けていれば、故障に気づかず、現実の経済運営で事故を起こすのは当然である。その瞬間《とき》を鶴首《かくしゅ》して待っていたのが、ミルトン・フリードマン率いる**マネタリスト**だった。

マネタリストとは、ケインズが『一般理論』で批判した古典派の理論こそ正しいと考える経済学者のスクール（学派）であり、**政策的には雇用よりも物価の安定を重視する**点に特徴がある。そのマネタリストにとって、ケインズのマシンだけを引き継いだアメリカのケインジアン（ケインズ支持の経済学者）が、一九六〇年代後半以降のインフレ悪化の前で立ち往生したときほど、恰好《かっこう》の攻撃チャンスはなかった。

そのとき攻撃の対象とされたのはケインズのマシンであり、フィロソフィーではなかったが、アメリカのケインジアンにとっては致命傷となった。詳細は第四章と第五章で述べるが、攻撃の結果、第二次世界大戦後にケインズがついていた経済学の正統の地位には、一九七〇年前後を境にしてマネタリストが、そして一〇年後の八〇年代には「新自由主義」が代わってつくことになったのである。

アメリカのケインジアンが退場を強いられたのは、ケインズのフィロソフィーを引き継がなかったからだと、最初に喝破《かっぱ》したのはケインズ研究で有名なスキデルスキーである。[*2] この指摘は二〇〇八年秋の国際金融危機後におけるケインズ復活論にも通用する。**何が本当の危機かに関する洞察を欠いたまま、財政支出や金融緩和というマシンの復活だけを喝《かっ》采《さい》しても、ケインズの経済学は復活しない。**その意味で金融危機後に盛り上がったケインズ復活論がいまや尻窄《しりすぼ》まりに陥っているのは、ある意味では当然の帰結と言える。

ケインズ経済学の特徴③――精密な論理より日常言語

ケインズの『一般理論』は難解であり、誤解されることの多い古典である。なぜ難解かは第三章で解説するが、私の考えをあらかじめ披露《ひろう》すれば、『一般理論』が難解なのではなく、**多様な人間が営む複雑な経済を一貫した精密な論理で語ることがむずかしい**のである。

経済学における思考をめぐり、ケインズは一九三三年のミカエルマス学期（秋学期・第四回目）の講義で、[*3]精密さを求めすぎると本質よりも形式を重んじたスコラ哲学に陥る危険があると語っている。そのうえで、経済学ではすべてを包摂する一般化は実行不可能だと述べる。

ところが、経済学を学び始めた者が真っ先に覚えるラテン語は、ケインズの講義とはまったく逆の〝セテリスパリブス〟すなわち〝そのほかの条件が一定ならば〟という呪文である。その使用法の一例は次の通りだ。

貨幣賃金と雇用量の関係は〝セテリスパリブス〟、すなわち生産技術や設備のストックあるいは経済全体の需要量や供給量の構成比、および利子率や為替レート、さらには一般物価など、そのほかの条件が貨幣賃金の変化前と後で一定ならば、貨幣賃金が下落すると労働需要は増え、労働供給は減る。つまり、賃金が下がると求人は増え、他方では求職は減る。その結果、失業者も減る。このような古典派の雇用理論が成立することになる。

しかし、〝セテリスパリブス〟の呪文は、どう考えても非現実的である。第三章で詳述するように、ケインズが数学的な精緻《せいち》さやスコラ哲学的な形式論理にこだわるよりも、**漠然とした日常言語で経済学を語るほうが現実的であり有益だ**と説いた真意もここにある。

誤解がないように付言するが、ケインズの経済学は理論にこだわらず実務的ということではない。逆に、**現実的な妥当性を経済学に求めたからこそ実例を提示しながら理論を一般化しようと奮闘した**のである。こうしたケインズの思考が結晶した『一般理論』の内容をテキストでわかりやすく解説しようとすれば、逆にその本質が失われてしまう。

たとえば、総需要の不足によって非自発的失業が存在するときは、中央銀行が貨幣供給量を増加して利子率を引き下げれば、民間企業の投資が増えて需要が増え、生産量が増えて雇用量も増える、それがケインズの金融政策によって期待される効果だとテキストには書かれている。しかし、金融政策によって貨幣供給量を増やしても、貨幣がタンス預金に回れば利子率は低下しないし、仮に利子率が下がっても、企業家が弱気になれば新規の投資額は増えない。さらに投資額が増えても、消費マインドが冷えて消費支出が減ると、需要は増えずに、生産量も雇用量も増えない。『一般理論』ではこのような可能性に言及しながら政策の効果が慎重に説かれている。

つまり、非現実的な〝セテリスパリブス〟の前提をしりぞけて、ケインズは**多様で複雑な現実を念頭に置きながら、政策の効果が実際にどうなるかを論じる**。これがケインズの経済学に通底する思考の特徴である。

『一般理論』を繙《ひもと》くと、テキストの説明とは異なり、原因から結論に至るまで実に多くの留保条件が付されている。しかし、それはケインズの衒学《げんがく》的な趣味からの但し書きではない。より一般的な理論を提示しようとすれば、将来の不確実性や人間心理の不確定性を考慮せざるを得ないからこそ付されたのである。その意味で『一般理論』をわかりやすい形でテキストに収めることには無理がある。ケインズの経済学に対する〝意図的〟な誤解の多くは、そうした無理を巧みに利用したものにほかならない。

なお、〝セテリスパリブス〟に代表される経済学的思考の陥穽《かんせい》については、第三章でさらに詳細に述べる。

ケインズは一〇〇年後をこう予測した

以上、ケインズの経済学の特徴を三つ述べたが、そこには当然、限界もあった。その限界について次に述べる。

経済学の目的は現に生活している人びとの暮らしをより良くすることにある。雇用を破壊し経済格差を拡大しても経済全体の需要や生産が増えれば、いずれすべての人びとの暮らしも良くなるというトリクルダウン説、すなわち強者の富は市場を通して弱者に滴《したた》り落ちるという説は詭弁《きべん》に過ぎない。より高い所得やより多くの貨幣がなければ、暮らしの満足感は得られないという主張も幻想にほかならない。

ケインズは非自発的失業を解決するために総需要の拡大が必要だと説いたが、**人間の欲望が無限だとは考えていなかった**。実際、一九三〇年に書いた時評「わが孫たちの経済的可能性」でケインズは次のように述べている（なお、本書では以下の引用も含め翻訳書からの引用については、文意を損なわない範囲で表現を変えたり、文章を省略したりしているところがあることをあらかじめお断りしておきたい）。

重大な戦争と顕著な人口の増加がないものと仮定すれば、経済問題は一〇〇年以内に解決されるか、あるいは少なくとも解決のめどがつくであろう。これは、経済問題が人類の恒久的な問題ではないことを意味する。[*4]

年二%の複利で経済全体の生産設備のストックが増えていけば、人びとの生活水準は今後一〇〇年間で四倍から八倍に達する。そこまで生活水準が高まれば生きていくうえでの絶対的な必要は十分に満たされる。そうなれば、それ以上の経済的な富を獲得しようとして労働に精を出すよりも、自らの趣味や余暇、あるいは家族との団欒《だんらん》や友人との交流など、人生を楽しむためにより多くの時間や能力を振り向けるようになる。ケインズはこう考えたから、一〇〇年以内に経済問題が解決されると予測したのである。

絶対的必要が飽和しない成長の罠

ケインズが見落としたのは、マクロ的な生産量が複利で増加しても、社会を構成する半分以上の人びとは必然的に平均以下の暮らしを強いられるという事実である。その意味で、マクロ的な生産量の拡大は非自発的失業の救済には有効でも、ワーキングプアなどの非正規雇用によって平均以下に陥っている人びとの不満を緩和するうえでは有効に機能しない恐れを孕《はら》んでいるのである。*5

ケインズは非自発的失業が存在するかぎり、マクロ的な需要を拡大すべきだと主張したわけではない。絶対的な必要が満たされる日が到来したなら、それ以上に生産量を拡大するのではなく、**ワークシェアリング（仕事を分け合うこと）によって雇用機会を確保すればよい**と説いたからだ。この点で、ケインズは必ずしも成長主義者ではなかった。ただ、絶対的な必要が満たされる日が到来するまでは、旧態依然とした欲望論に浸《つ》かって物欲を満たすために走り続ければよいと主張した。

ケインズがボタンを掛け違えたのは、物質的な成長を続けていけば、いずれ絶対的な必要が満たされる日が到来すると予想したことである。もし、その日がいつまでも到来しなければ、私たちは逃げ水のように遠ざかる暮らしの豊かさを求めて、永遠に走り続けなければならない。そして、走り続ける燃料を補給するために、不断に新しい需要も開発しなければならない。しかも、新しい需要の開発は暮らしに対する不満から私たちを解放するのではなく、ますます長い不満のトンネルへと私たちを誘い込んでいくかもしれない。

物欲とは特定のモノを手に入れたい欲ではなく、欲しいモノは何でも手に入れたいという欲である。だから欲しいモノがあるかぎり、また、欲しいモノが膨《ふく》らみ続けるかぎり、どこまでも物欲は拡大する。その物欲を経済学の中心に置くかぎり、**成長が政策の手段や目的になることはあっても分配や協力が目的や手段になることはない。**なぜなら、マクロ的な成長を達成できるなら、誰の物欲も犠牲にせずに誰かの物欲を満たすことができるが、成長せずに分配によって公平な社会を実現しようとすれば、誰かの必要を満たすために誰かの欲望を犠牲にしなければならないからだ。

この結果、物欲に焦点を当てるかぎり、分配よりも成長が優先されることになる。その物欲に際限がないとすれば、**私たちは成長の誘惑から永遠に離脱できなくなってしまう。**

しかし、ケインズは、成長に歯止めをかけるもう一つの予言をしていた。

ケインズの書かれざる予言

ケインズは一九三三年のミカエルマス講義で、当時のイギリスにおける不況（失業）の原因は、利子率の高止まりによる投資の不足にあると指摘したうえで次のように語った。

過去の歴史において文明が破綻《はたん》したのは、利子率を下げることができなかったからである。[*6]

ケインズにとって、当時のイギリス経済が陥っていたデフレと失業の主因は高すぎる利子率にあった。資本が蓄積されて社会が豊かになれば、資本の限界効率、すなわち企業家が新規の投資から得られると期待する収益率は低下する。この低下に見合って利子率を下げられるなら、投資の減少を回避して、有効需要（購買力の裏づけがある需要）を維持し、非失業率も下げることができる。つまりケインズは、利子率をゼロにまで引き下げれば、非自発的失業をはじめ総需要の不足が引き起こすだいたいの経済問題は解決できると考えていたのである。

この見方を逆にすれば、利子率をゼロにまで下げても総需要が増えずに、人びとの暮らしに対する不満を解決できない場合には、利子率を下げられないときと同じことが起こるというのが〝書かれざる〟ケインズのもう一つの予言である。

そして、この予言の帰結こそ「文明の破綻」であり、「諸帝国の破滅」にほかならない。それはケインズが『一般理論』の冒頭で暗示した「悲惨な結果」でもある。その恐れを回避するためにケインズは雇用の安定を第一に置き、非自発的失業の解決策を提言したのである。

ケインズのマシンによる経済危機の救済は、『一般理論』公刊後三五年も経てからインフレの悪化を招いたとマネタリストに批判され、四五年も経てから大きな政府の元凶だと「新自由主義」に非難されて政策の表舞台から退場を強いられた。

ケインズに代わって政策の表舞台に現れた「新自由主義」は、労働力の買い叩きという資本主義の鉄則を冷戦終焉後の世界でグローバルに貫徹するだけではなく、ケインズの経済学で歯止めがかけられていた金融の投機まで自由放任にした。その暴走によって二〇〇八年の国際金融危機が引き起こされただけではなく、労働力の買い叩きが推し進められ、日本ではワーキングプアをはじめとする非正規雇用へと追い込まれる人びとが増えているのである。

そうしたなかで人びとの暮らしに対する不満は急速に高まっている。しかし、その根因がどこにあるのかを見つけることができないまま人びとは苛立《いらだ》ち、そして〝怒って〟いる。まさに、ケインズの〝書かれざる予言〟が、現在の日本で的中する兆《きざ》しかもしれない。

経済学が人びとの不満の根因と解決策を明らかにし、理論と政策の両面で人びとを納得させることができなければ「経済学の第2の危機」（第一章参照）は終わらない。バブル崩壊以降、日本経済が陥っている危機とは**純粋な資本主義に内在する矛盾**である。その矛盾がデフレや財政赤字として現れているとしても、デフレや財政赤字は「経済学の第2の危機」の根因ではない。根因は利益本位の企業による労働力の買い叩きにある。現在の日本における雇用問題は、かつて非自発的失業を救済したような総需要の拡大だけでは解決できない。ゼロ金利と膨大な国債残高の制約が金融政策と財政政策というマシンの稼働を阻んでいるだけではなく、第一章で述べるもっと根本的な問題が背景に存在するからだ。

どうすればよいのか。それが本書のテーマである。ケインズのマシンはいまや〝死に体〟だとしても、ケインズのフィロソフィーはなお不滅である。問われているのは暮らしに対する人びとの不満をいかに鎮《しず》めるかだ。いまこそケインズが何を言ったのかに耳を傾け、現代に生きるケインズの可能性を究める必要がある。そのためには回り道のようだが、ケインズとケインズの経済学が辿った途《みち》を通説に惑わされず、原典に遡《さかのぼ》って巡礼することが正道である。

本書の構成

本書におけるケインズ巡礼の道順は次の通りである。

まず第一章では、現在の日本経済が直面している切羽詰《せっぱつ》まった危機は、デフレでもなく、財政赤字の累増でもなく、「**非自発的雇用**」にあることを示す。非自発的雇用とは私の造語であり、ここまで述べたワーキングプアや長時間残業のように、働いて得られる賃金よりも働くことに伴う苦痛のほうが大きいにもかかわらず、本人の意思に反して働かざるを得ない雇用者および雇用の状態を意味する。こうした非自発的雇用がなぜ現在の日本に存在するのかを、ケインズが『一般理論』で取り上げた、働きたくても働く機会を得られなかった非自発的失業と比較しながら明らかにする。そのうえで、ケインズのマシンである需要政策では、非自発的雇用を解決できないことを理論的に示す。

また、戦後日本の高度成長はパイの拡大と格差の縮小を両立した点で特殊だったのであり、最近議論されている実質一～二%、名目二～三%程度の成長率を目標とした成長政策では、暮らしに対する人びとの不満を改善できないことにも言及する。

ケインズは、古典派の「貨幣数量説」を批判し、新しい物価決定の理論を「基本方程式」で示して、イギリス経済が陥っていたデフレの原因解明とその対策を『貨幣論』で提言した。第二章では、その彼が、脱稿前から気づき始めていた『貨幣論』の理論上の欠陥を改めるために『一般理論』へと向かうまでの道のりを辿る。

ケインズは『一般理論』に至るまでに、長い間浸かってきた古典派の経済理論から逃れ出る必要があった。だが、その前に立ちふさがっていた「セイの法則」の呪縛から逃れるのは容易ではなかった。最終的にケインズの背中を押したのは、雇用不安を解決できない古典派がもたらす危険のあったイギリス経済の「悲惨な結果」だったことを本章の後半で示す。

第三章では、ケインズの思考が現実の経済問題を日常言語で語ることにあり、その思考の結晶が『一般理論』だったことを前半で示す。そのうえで『一般理論』の内容を理解するためには、テキストの説明では限界があると同時に、テキストへの依存がケインズの経済学を誤解する原因になっていることを明らかにする。

第四章では、ケインズの後継者がケインズのマシンだけを引き継ぎ、その点検を怠ったうえに、インフレの悪化を放置したことがマネタリストによる反革命の引き金になったことを示す。マネタリストは、ケインズ自身よりも、ケインズが遺《のこ》した問題を棚上げして、正統派の地位に安住していたケインズの後継者を批判の的にした。ケインズの後継者はどこで何を油断し、その油断をマネタリストはどのようについたのかを歴史的に検証する。

第五章のテーマは「新自由主義」である。一九八〇年前後のイギリスにおけるサッチャー政権、アメリカにおけるレーガン政権の誕生を契機に、急速に世界の経済政策の表舞台に登場した「新自由主義」は、日本においても二〇〇一年から二〇〇六年にかけて小泉純一郎元首相の下で猛威をふるったが、そこで唱えられた政策は、新自由主義の元祖であるハイエクの思想とは似て非なるものだったことをまず示す。

そのうえで、ハイエクがなぜケインズのマクロ的な経済政策を批判したのかを、ハイエクの経済思想に遡って検証し、ケインズの経済思想との違いを明らかにする。また、冷戦終焉後にとくに影響力を強めた「新自由主義」的な政策の背景には、どのような人びとのどのような思惑が働いていたのかを、資本主義に内在する矛盾の観点から浮き彫りにする。

第六章では、第一章で提起した、日本経済が陥っている危機の本質とその解決策に関して、私の考えを示す。必ずしも完成された形ではないが、危機の根因はきわめて深刻であり、その解決のためには、資本主義という経済システムが普遍的なものではなく、歴史的なものであることを認識したうえで、次のシステムも視野に入れて展望する必要があることを示す。

ただ、その展望においては、なぜケインズが『一般理論』で資産家の〝安楽死〟を唱えたのかを知る必要がある。ケインズは常に実務家として、経済の現実を洞察することに努めた。そのフィロソフィーを、日本経済が陥っている危機を解決するためにどのように復活させたらよいのか、私なりのアイディアを提示する。

日本経済の危機をめぐる私の洞察は第一章と第六章で披露する。第六章に至るまでの間、できれば私と一緒にケインズのフィロソフィーとは何かを探る旅に付き合っていただきたい。それは公刊後わずか二五年で古典に祭り上げられた『一般理論』を、もはや繙く人がいなくなった間隙《かんげき》を利用して流布されてきた、ケインズに対する誤解を解く旅でもある。

日本経済の危機に関心がある読者は第一章の次に第六章に飛び、第二章から第五章をスキップするのも王道だが、私としては「学問に王道なし」の箴言《しんげん》にしたがい、あえて回り道をしていただけると幸甚《こうじん》である。

第一章　ケインズの目で日本経済を見る

非自発的雇用という日本経済の危機

序章で述べたように、重要なのはケインズのマシンではなく、フィロソフィーである。このことは、現在の日本経済が直面している危機を考える際にも忘れてはならない。

多くの経済学者やエコノミストはデフレや財政赤字こそが日本経済の危機だと言う。しかし、『一般理論』で雇用の安定を最重視したケインズのフィロソフィーに回帰するなら、**働く意欲も気力も湧かないのに生きていくために本人の意思に反して働かざるを得ない非自発的雇用のほうが、切羽詰まった危機ではないか。**

非自発的雇用の理論的な解釈は後で述べるが、具体的なイメージをここで挙げておくと、年間二〇〇〇時間働いても年収二〇〇万円にも満たない時給一〇〇〇円未満のワーキングプアや、無給のサービス残業あるいは週四〇時間の法定労働時間をはるかに超える長時間労働を強いられても拒否できない正社員などが直面している過酷な雇用状態のことである。

それにもかかわらず、失業するよりは〝まし〟だから働いているのだろうと突き放す経済学者、否、そうした経済学者の発言を看過する経済学こそが、いまや危機に陥っているのかもしれない。

非自発的雇用の存在はＧＤＰ（国内総生産）などの経済統計に現れる豊かさと、そこで暮らしている人びとが日常生活で実感する貧しさとのギャップ、すなわち〝**豊かさのなかの貧困**〟という点から見るなら、ケインズの時代の非自発的失業よりもずっと深刻な問題と言える。

〝現実〟を見ようとしない経済学者たち

ケインズは目前の失業者の救済を急ぐあまり〝何のための雇用か〟を『一般理論』では問わなかった。だから、ケインズの本意ではなかった「穴を掘るだけの公共事業」を例に取り上げて、ケインズ政策は無駄であり、財政赤字の元凶だという批判が現在でも後を絶たない。ケインズの後継者はこうした批判を受ける前に、穴を掘るだけの公共事業で生まれる雇用とは〝**何のための雇用か**〟を問うべきだった。独自の視点で『一般理論』を読み解く大阪大学フェローの小野善康は、最近の著作で、何の社会的な便益も生まない公共事業は、国民経済的に見れば失業手当を給付するのと同じだと述べるが、[*1]まさに正論である。

だが、ここで私が説く非自発的雇用とは、経済的に無駄か否かを問う前に、雇用者本人[*2]にとって働くことが悲惨であり、雇用の不満に対するうさ晴らしが、極端な場合には犯罪の引き金になるなど、本人以外の他者にも多様な被害が及ぶ恐れを内包した雇用問題である。

悲惨な現実を見ようとしない経済学者は頭だけで考えて、労働に伴う苦痛を金銭に換算し、その金額を賃金から控除した個人の主観的な満足感が、マイナスではなくプラスだから働いているのだろうと決めつける。普通の人ならそんな計算をして働くか否かを決めるのかと疑問を抱くが、主流派の経済学者はそれが合理的な選択であり、計算しないで決める個人は非合理だと言う。そのうえで、苦痛のほうが賃金よりも大きいなら〝奴隷〟でないかぎり強制的な命令に従う必要はないのだから、非自発的雇用など現実に存在するはずがないと畳み掛けてくる。

しかし、私たちが暮らしている社会では、働かなければ生きてはいけない。限られた階級が生産手段を占有している資本主義の下では、自営業者を除き、企業に雇ってもらえなければお金を稼ぐことができない。そこで選択できるのは、賃金がもたらす効用と労働に伴う苦痛を比較して働くか働かないかではなく、どんなに苦痛のほうが大きくても働いて生きていくのか、それとも働かずにお金を得る方法を探すのか、もしくは生きることをあきらめるのかの三つに一つである。第一の典型が非自発的雇用であり、第二の典型が犯罪であり、第三の典型が自殺である。

もちろん、現に働いている人や働いている状態のすべてが非自発的雇用ではないし、犯罪に走らなくても生きていく方法はある。さらに、年間三万人を超える日本の自殺者も経済的な理由だけで自らの命を絶っているわけではない。だが、反例をあげて事実を否定できるなら、失業者のなかには自発的失業者もいると言って非自発的失業の存在を否定できる。問題は非自発的雇用がいまの日本に存在するか否かであり、存在するとしたらなぜ存在するのかを理論的に明らかにしたうえで、その解決策を提示することである。

ケインズが古典派の雇用理論には存在しない非自発的失業が現実には存在することを明らかにし、それが人びとの生活を苦しめ、経済体制の転覆にまで発展する恐れがあることを憂慮して『一般理論』を書いたことを思い起こすなら、**ケインズと同じ視点に立って日本における雇用の現実を直視し、その原因の解明と解決策を洞察することは、ケインズのフィロソフィーを現代に復活する重要な作業の一つではないだろうか。**

この章では、日本の危機をケインズの視点で概観したうえで、危機を克服できない経済学の限界について言及し、本書全体の問題意識を再度、確認する。

デフレ克服論をどうとらえるか

では、ケインズの視点に立つならば、現在の日本が陥っているデフレや財政危機はどのように見えるだろうか。

ケインズが生涯を通して論じたパンフレット、すなわち時々の経済問題とその解決策に関する時評のテーマは、デフレと失業が共存する不況の原因と解決策の究明が中心だった。ケインズは序章でも述べた通り、不況の主因は一貫して高すぎる利子率にあると見なした。利子率さえ十分に引き下げることができれば、新規投資の増加によって不況は克服できると考えたからだ。

公共投資や減税あるいは累進税制による所得再分配といった財政政策は、ケインズのマシンの主役ではなく、**金融政策が限界に達したときの脇役に近かった**。だから、『貨幣改革論』『貨幣論』さらに『一般理論』など、主要な著作における政策の重点は、貨幣の退《たい》蔵《ぞう》も含め利子率の引き下げを阻む要因をいかに緩和するかに置かれていたと言える。

それぞれの著作においてケインズが依拠した経済理論は必ずしも一貫していたわけではない。またケインズは古典派の理論から逃れ出るために何度も葛藤を繰り返した。いずれも第二章で詳述するが、ここでは没落するイギリス経済を前にしてケインズの関心が『一般理論』前までは国内の物価安定に、そして『一般理論』後は雇用安定に移ったことを確認しておきたい。一九二〇年代のイギリス経済では、物価の下落が続くデフレは珍しい現象ではなかった（第二章図4参照）。むしろ、ゼロ金利でもデフレが続く一九九〇年代後半以降の日本経済のほうがケインズの眼には異例に映るはずだ。

もちろんゼロ金利といっても、現在の日本では、設備投資に影響を与える長期利子率までゼロに低下しているわけではない。また、すべての企業が信用度の高い国債と同じ利率で民間銀行から長期資金を借りられるわけでもない。ゼロまで低下しているのは銀行間で資金を融通し合う短期の金利だけであり、長期の利子率にはなお引き下げの余地がある。また、民間銀行の貸出も審査や条件面で工夫をすれば、もっと柔軟に企業の資金需要に応えることができる。日銀の内部からはこれ以上の金融緩和は制御不能なインフレを引き起こすといった懸念の声も聞かれるが、デフレさえ脱すれば日本経済が陥っている危機を克服できるなら、未曾有の金融緩和も選択肢の一つとなる。

しかし、デフレ克服の政策コンテストを開いて〝奇想天外〟な金融緩和のアイデアを募り、インフレ目標を掲げてデフレさえ脱すれば……という議論が本当に正しいか否かは、あらためて検証すべき問題である。同じことは、〝最初に消費税率の引き上げありき〟の財政再建策にも言える。言うまでもなく脱デフレも財政再建も人びとの暮らしを守り、より良くするという目的の前では手段に過ぎない。暮らしが重要なのは、暮らしに対する不満が高まれば、序章で紹介したような社会不安を引き起こし、ひいてはケインズが懸念するように経済体制の転覆にまで発展する恐れがあるからだ。その恐れを回避するために、ケインズは物価よりも雇用の安定を第一に据えて、市場にまかせるだけでは解決できない非自発的失業の問題を『一般理論』で論じたのである。

非自発的雇用は需要政策で解決できるか

日本を代表するケインジアンの吉川洋は、いまこそケインズとシュンペーターという二人の巨匠の経済学を統合して、持続的な需要の拡大を図るべきだと言う。*3 二人はともに、一八八三年生まれの天才的な経済学者という評価では共通するが、経済学の考え方をめぐっては対立する点が多かったと言われる。その二人の経済学を吉川が統合しようと提案するのは次の理由からだ。

病気を治せない医学に何の価値があろう。経済学も同じことだ。二つ〔ケインズとシュンペーター〕の経済学はいずれも現実の経済を理解するうえで欠くことのできない「目」を提供してくれる。ケインズとシュンペーター、二人の経済学を統合することは、現代経済学にとって大きなチャレンジである。[*4]（引用文中の〔 〕は引用者補足、以下同）

吉川が治すことに挑むべきだと言う「病気」とは、需要の不足による成長率の停滞にほかならない。たしかに、経済全体の需要を増やし、生産量を増やせば、雇用量も増える。そして雇用量が増え、所得が増えて、消費が増えれば、物価の下落に歯止めがかかり、税収も増える。その起動力となる需要の創出を、国債の累増やゼロ金利で発動が制約されている財政政策や金融政策に依存せず、シュンペーターがその主著『経済発展の理論』で唱えたイノヴェーションで実現できるなら、日本経済は〝失われた二〇年〟というトンネルから早晩抜け出ることができると、吉川は考えているのかもしれない。

しかし、そう考えているとしたら肝心なところで吉川はケインズのマシンを見誤り、ケインズのフィロソフィーを見失っているように見える。

なぜならケインズが救済しようとした非自発的失業とは異なり、非自発的雇用の根因は総需要の不足よりも、**労働力を買い叩き、雇用者を搾《しぼ》り取ることで利潤を確保しようとする資本の論理**（**増殖運動**）**にある**からだ。したがって、仮に吉川のチャレンジが成功しても、解決されるのは現代に存在する非自発的失業に過ぎない。賃金の効用を超える苦痛を強いられても、生きていくためには働かざるを得ない非自発的雇用は、ひき続き残されてしまう。つまり、非自発的雇用を解決するためには、シュンペーターのイノヴェーションとケインズの需要政策を統合するだけではなく、それとは異なる**別のマシン**が必要になるのである。

なぜ非自発的雇用が生じたのか

別のマシンとは、単に雇用量を増やすだけではなく、人びとの暮らしに対する効用、すなわち満足感も同時に改善する〝何か〟である。その〝何か〟の役割を果たしたのが戦後の日本経済では高度成長だった。高度成長による急速なパイの拡大が、パイの奪い合いという分配問題を後景に追いやり、〝全員参加型[*5]〟の資本主義を可能にしたのである。

しかし、成長率が低下に転じた一九七〇年代前半を転機に、経済活動のさまざまな局面でパイの奪い合いが表面化し始めるようになった。その詳細な議論は後で述べるが、ここで強調したいのは第五章で詳述する「新自由主義」こそ、**大企業や富裕層など〝権力階級〟のための〝分配政策〟にほかならず**、その煽《あお》りが非自発的雇用として現れているということである。

こうした階級論的な見方には異論も多いと思うが、労働の苦痛に見合う最低限の賃金を下回っても、なお働かざるを得ないことに非自発的雇用の本質があるとすれば、そこに存在するのは働くか働かないかを自発的に選択できる雇用者ではなく、先にも指摘したように生きていくために働くか、犯罪に手を染めるか、それとも自らの命を絶つかといったぎりぎりの選択を迫られる雇用者である。そこまで追い詰められた雇用者は、もはや**実質的な〝奴隷〟**と言っても過言ではない。

しかも、そうした〝賃金奴隷〟は私たちが暮らす社会が経済的に貧しいから生まれたのではない。政治的に市民の権利が保障されていないから生まれたのでもない。一円でも多い利潤の確保がホンネなのに、グローバルな競争における生き残りが大変だとタテマエを盾《たて》にして、可能なかぎり人件費を削減しようとする企業とその利害関係者に支持された〝民主的政府〟による自由放任（労働規制の緩和）政策から生まれたのである。

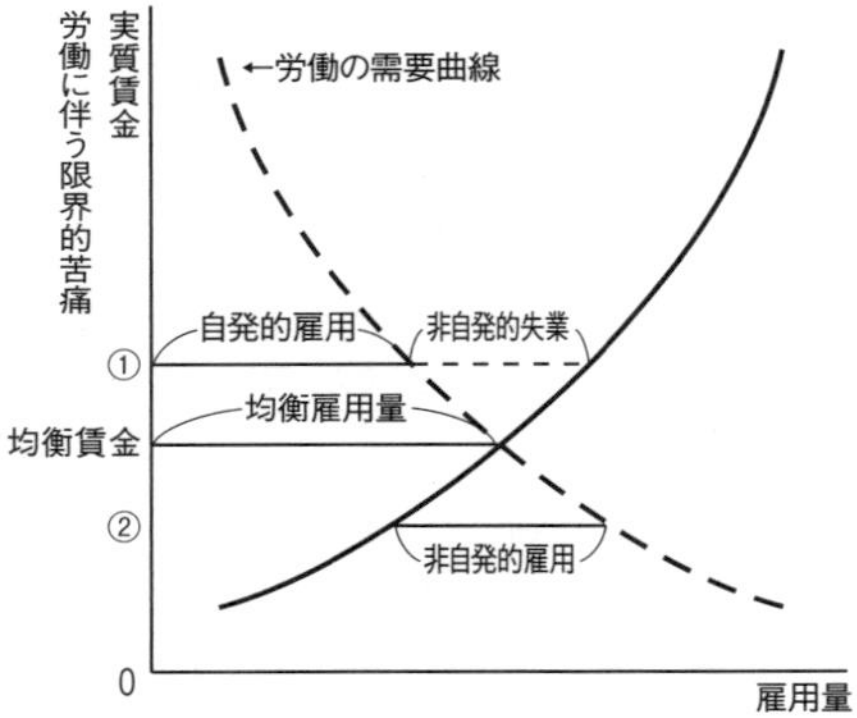

図1　古典派の労働供給曲線（実線）

（注1）曲線上では実質賃金と労働に伴う限界的苦痛が一致している。
（注2）曲線の右側では「実質賃金＜労働に伴う限界的苦痛」となっており、曲線の左側では「実質賃金＞労働に伴う限界的苦痛」となっている。
（注3）均衡賃金よりも高い賃金（①）の下で、働きたくても働けない失業が非自発的失業。
（注4）均衡賃金よりも低い賃金（②）の下で、働きたくなくても働かざるを得ない雇用が非自発的雇用。

〝想定外〟だった非自発的雇用

非自発的雇用の状態は、ケインズの言う非自発的失業とは異なり、失業ではない。だが、現行の条件で自発的に働いている雇用でもない。

ケインズは『一般理論』で古典派の雇用理論を批判した。それは雇用者が、実質賃金と労働に伴うぎりぎりの苦痛（限界的苦痛）が一致するまで労働を供給すると想定するのは非現実的であり、現実には「古典派の第二公準」（後述）を満たす労働の供給曲線（図1参照。以下、「古典派の労働供給曲線」という）よりも左側、すなわち現行の賃金でもっと働きたいのに総需要の不足によって働けない状態に置かれている失業が存在すると考えたからである。

一方、労働の需要量を決定する「古典派の第一公準」とはこういうことだ。企業は利潤が最大になるように、実質賃金と新たに雇用した労働者が生み出す生産物の価値が一致するところまで労働者を雇用したいという要求を持っている。その要求を、実質賃金と企業

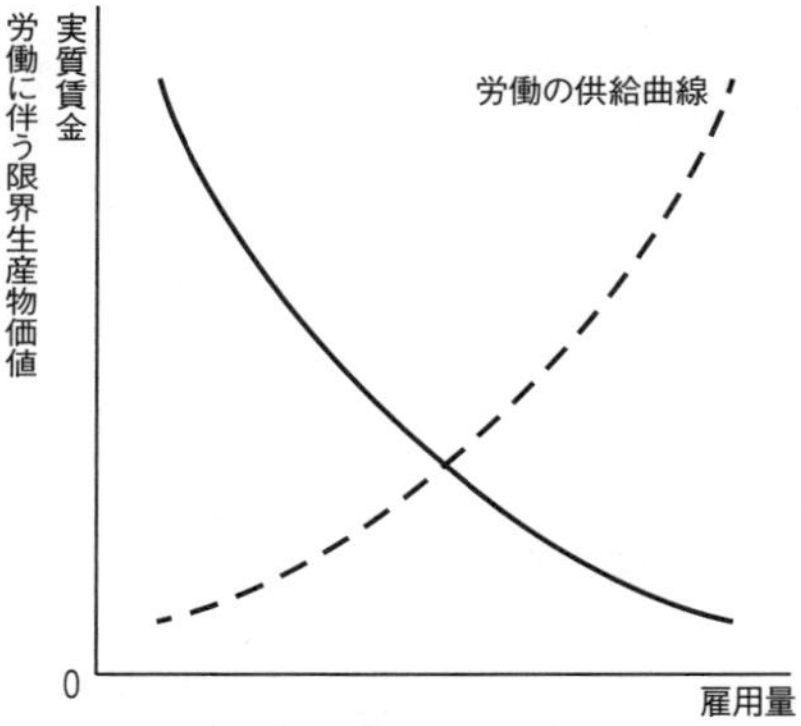

図2　古典派の労働需要曲線（実線）

（注）曲線上では実質賃金と労働の限界生産物価値は一致している。

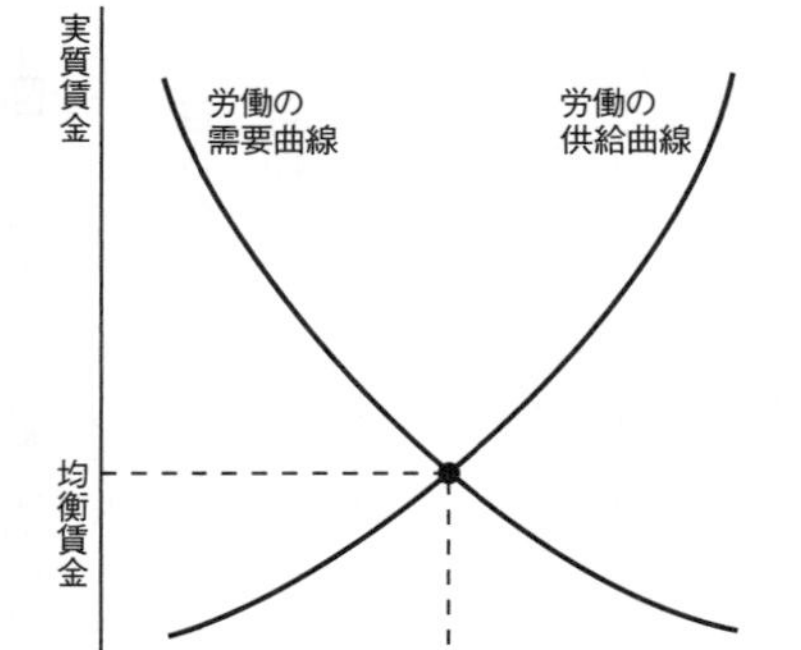

図3　均衡賃金と均衡雇用量

（注）均衡賃金の下では、労働の需要量と労働の供給量が一致している。

が需要する雇用量の関係として示したものが**図2**（以下、「古典派の労働需要曲線」という）である。これに対し前述した「第二公準」とは、雇用者の側の要求を現したものだ。古典派の雇用理論によれば、雇用者は与えられた実質賃金の下で、働くことから得られる満足感が最大になるように、実質賃金と労働に伴う苦痛が一致するところまで企業で働きたいという要求を持っている。その要求を、実質賃金と雇用者が供給する雇用量の関係として示したのが「第二公準」である。

図1を使って非自発的雇用を説明するなら、非自発的失業とは異なり、古典派の労働供給曲線の右側、すなわち現行の賃金では働きたくないのに**生きていくために働かざるを得ない状態**に置かれている雇用と言える。[*6]

ケインズにとっては当時の労働組合の交渉力を考えれば、実質賃金が古典派の労働需要曲線と労働供給曲線が交わる均衡賃金（図3参照）以下に下がることは想定外だった。また、均衡賃金より高い賃金を払っても労働者を雇用したいという企業が次々と現れるほど、経済全体の需要が大きくなることも想定外だった。もし想定外の事態が生じたら、雇用者は無理をして働かずに自発的な失業、あるいは怠業《たいぎょう》を選択するとケインズは考えた。

しかし、現在の日本では均衡賃金以下の低い賃金でも、あるいは均衡賃金以上の残業手当をもらったとしても本人の意思に反して働かざるを得ない、**ケインズにとっては想定外の非自発的雇用**が、前述したワーキングプアや正社員の長時間労働などの形で存在しているのである。

パイを拡大し格差を縮小した高度成長

それでは、非自発的雇用の存在を経済学ではどのように考えたらよいのだろうか。

序章でも述べたように、ケインズは、人間が生きていくための〝絶対的必要〟が満たされるまでは経済問題が重要だが、満たされた後は芸術や文化などの非経済的な問題に人びとの関心は移ると考えていた。そして絶対的な必要が満たされる日が到来したなら、それ以上は総需要を拡大して雇用量を増やすのではなく、生産性の上昇分を労働時間短縮の形で雇用者に還元し、雇用機会はワークシェアリングで確保すれば良いとも述べた。[*7]

しかし、絶対的な必要が満たされたか否かを個人の判断に委ねるかぎり、経済全体のパイがいくら拡大しても個人が実感する絶対的な必要は満たされないかもしれない。実際、ケインズの高弟《こうてい》であるジョーン・ロビンソンは次のように指摘する。

> 〔第二次世界大戦後の〕25年間で経済的富が増大したことは確かです。〔……〕しかし、富の増大は必ずしも貧困の減少と同じではありません。〔……〕〔一人当たりの平均所得で見れば満足できる生活水準が実現されているように見えても〕人口の半数を超える人々が、平均と比較した相対的な所得水準ではつねに平均以下の水準で生活しているというのが自然の法則なのです。[*8]

戦後の日本における高度成長期は、経済全体のパイ、すなわち生産量の拡大と経済格差の縮小が両立した特殊な時代だった。[*9] 拡大と縮小が両立したのは、必ずしも強い者の経済的成果が、市場を通して弱い者にトリクルダウン、すなわち滴り落ちたからではない。強い者の経済的成果の増加率があまりにも大きすぎたので、政府が強い者の手から溢《あふ》れ落ちた分を税としてすくい上げ、所得を再分配したから格差が縮小したのである。

高度成長が前述した〝何か〟だったのは、政府による税と給付を通した再分配を強い者が寛容できるほどに、**経済全体のパイの拡大率が大きかった**からである。

強者のための成長戦略

逆に言えば、高度成長が終わり、成長率が低下し始めると、強い者のオーバーフロー分は先細り、強い者は政府の再分配に異議を唱えるようになった。その帰結が累進税制の緩和や、株および土地の売買益に課せられる税率の引き下げだったのである。「新自由主義」が編み出したトリクルダウンという概念は、わずかなパイの増加を強い者が独占するための詭弁に過ぎない。なぜなら、高度成長期でも政府が意図的に再分配政策を講じなければ格差は縮小しなかったからである。

そう考えると、現在の日本で成長戦略と呼ばれている実質一～二％、名目二～三％程度のGDPの拡大を成長と呼ぶのは、統計的には正しくても人びとの暮らしをより良くするという点から見れば、むしろ〝有害〟かもしれない。有害か否かの基準はGDPの拡大にともなって格差が拡大するか縮小するかにある。格差の拡大をともなう低い成長は、必然的に平均以下の暮らしを強いられる人びとの不満を高めることにつながるからだ。

しかも、その不満をより長く働くことで解消しようとしても無理である。たとえ一時間長く働いたとしても、その労働による生産物の価格が、労働力の買い叩きを前提にして下落を強いられる現在の日本では、**〝雇用条件の悪化なくして雇用機会の増加なし〟**となるからだ。これがケインズが生きた時代の〝総需要の増加なくして雇用機会の増加なし〟の非自発的失業とは一八〇度異なる、非自発的雇用が存在する理由である。

異なる人間観

こうした私の議論に対しては、新しい製品を開発することで、人びとの潜在的な需要を掘り起こせば、雇用条件の悪化を回避できるという反論があるかもしれない。しかし、成長しても格差が縮小しない現在の日本において、誰のために成長が求められているのかをあらためて問い直してみれば、答えは自ずと明らかになる。

ここでケインズのマシンと「新自由主義」のマシンを比較してみよう。前者は、現行の雇用条件で働きたくても働くことができない失業者のために、総需要を増加して雇用機会を創出しようと提言した。後者、すなわち自由放任による労働規制の緩和は、働かなければ生きていけない雇用者に生存ぎりぎりの雇用条件で働くことを迫る口実を与えたのである。

両者の間には、現実の経済活動を営んでいる主体が心を持った人間か、それとも単なる金銭的な損得だけを計算して行動するホモエコノミカス（経済的合理人）かという見方の違いが潜んでいる。

ケインズの『一般理論』を読めば、**そこに登場する経済主体が、驚くほど人間的であることが**理解できる。それはケインズがスコラ哲学的な精密さや数学的な論理よりも、日常言語による思考のほうが人間の行動がもたらす経済の現実を分析するには相応しいと考えたからである。ケインズの経済学の本質がマシンではなく、フィロソフィーにあるとすれば、ケインズにとっての経済学とはどのような学問だったのかを振り返ることは、現代におけるケインズ復活論を議論するうえでも不可欠である。

以下では、ここまでの議論をふまえ、ケインズが経済学に遺したエポック(革新)と限界は何だったのかを示したうえで、その後継者たちがケインズのフィロソフィーを忠実に引き継がなかった結果が、現代における経済学の危機を招いていることを明らかにする。

高橋亀吉とケインズ

〝日本のケインズ〟[*10]とも言われ、戦前から戦後にかけて民間エコノミストとして活躍した高橋亀吉は一九二四年、三三歳のときに著わした処女作『経済学の実際知識』で次のように述べている。

意識せると無意識なるとの差はあれども、すべての社会現象の基礎に横たわるものは経済問題である。経済問題を理解するの知識なくしては、農工商に関しては勿論、教育、政治、労働その他のあらゆる社会問題を正確に理解することは全く不可能であるというも過言ではない。[*11]

高橋が説く〝経済問題を理解する知識〟とは、大学で学ぶ経済学のテキストに書かれているような専門知識ではない。実際の経済現象を「有機的かつ総合的」に説明できる知識である。それが高橋にとっての経済理論でもあった。

高橋は晩年の講演会で、[*12]「理論にとらわれず実証的な診断をしている」と司会者に紹介され、「私の考えでは、いつも実際の経済は〔私の〕理論通りに動いている」と反論している。それはケインズの経済学が、イギリスが直面する経済問題を考察するなかで変化を遂げたように、高橋も日本経済の変化にすばやく適応しながら自らの理論を切り換えたからである。

高橋にとっては「できあがったものを仔細に調べて、それを系統的に説明するやり方でないと学理的でないとか、価値がないように見たがる」[*13]日本の経済学者のほうが理論からかけ離れていた。なぜなら現実の経済が危機に直面し、それを解決できないのは、ケインズと同じように、高橋にとっても**危機の本質を解明できない経済学に問題があった**からである。

ケインズ経済学のエポックと限界

数学や古典および哲学や芸術などに小さい頃から関心を抱き、造詣《ぞうけい》も深かったケインズが、経済学を本格的に学び始めたのは大学卒業後のことである。なぜ、ケインズは経済学を選択したのか。恩師マーシャルに対する追悼文のなかに、ケインズの意思が潜んでいる。有名な一節であり、すでに目にした読者も多いと思うが、あえて以下に引用する。

経済学の研究には、なんらかの人並はずれて高次な専門的資質が必要とされるようにはみえない。〔……〕それなのにすぐれた経済学者、いな有能な経済学者ですらも、類まれな存在である。〔……〕〔理由は〕経済学の大家はもろもろの資質のまれなる組合せを所持していなければならない、ということのうちに見いだされるであろう。

> 〔……〕彼はある程度まで数学者で、歴史家で、政治家で、哲学者でもなければならない。彼は記号もわかるし、言葉も話さなければならない。彼は普遍的な見地から特殊を考察し、抽象と具体とを同じ思考の動きの中で取扱わなければならない。彼は未来の目的のために、過去に照らして現在を研究しなければならない。人間の性質や制度のどんな部分も、全然彼の関心の外にあってはならない。*14

この文章はマーシャルへの賛辞というよりも、ケインズによるケインズ自身の評価というのが定説である。実際、ケインズは数学者としても、哲学者としても大成しなかった。芸術家としても愛好家の域を超える天分はなく、政治家としても大衆の支持を得られるような求心力は備えていなかった。だから「もろもろの資質のまれなる組合せ」が必要な経済学は、ケインズにとって格好の学問だったと言える。私はそうしたケインズの選択を安易だとは思わない。ケインズの動機や関心がどうであれ、重要なのはケインズが経済学の進歩に対して遺した業績だからである。

その意味で、ミクロ（部分）の合計が必ずしもマクロ（全体）にならないこと、また**個人の合理的な行動の結果が必ずしも社会にとって合理的な結果にならないこと**を明らかにしたのは、ケインズの経済学における重要なエポック（革新）だった。

実際、一人の個人が貯蓄を増やそうとして消費を節約しても、経済全体として見れば、その貯蓄が投資の増加として利用されないかぎり、最初の個人が増やした分だけほかの誰かの貯蓄が減るまで社会の生産や所得は減らざるを得ない。つまり、マクロの投資が増えないかぎり、いくら個人が節約の努力を重ねても社会の貯蓄を増やすことはできないのである。

個人や企業の合理的な経済行動だけでは説明できないような経済全体を貫く法則が、現実の経済では重要な意味を持っていることを見抜いたのはケインズの慧眼《けいがん》だった。しかし、それゆえに、マクロ的な生産の拡大策に目を奪われすぎて、本章前半で記したように、その内容や分配にまで分析の光が届かなかったことはケインズの限界であった。

経済学の第2の危機

先にも紹介したジョーン・ロビンソンは、アメリカ経済学会の講演で、経済学が「第2の危機」に陥っていると語った。

「**第1の危機**」とは、世界大恐慌後の大不況期に経済全体の雇用量がどのような要因によって決まるのかを、当時の主流派であった古典派が究明できなかったことによって生じた。この「第1の危機」はケインズの『一般理論』によって救われたとロビンソンは同講演で指摘した。

そのうえで、『一般理論』が「異端〔例外〕」から「正統〔標準〕」になったとたん、どんな需要でも完全雇用に役立つなら望ましいという安易な成長主義が蔓延《はび》こると同時に、アメリカをはじめとする先進諸国において貧困や格差が放置されていることを、「**経済学の第2の危機**」と呼んで憂慮したのである。

ロビンソンは、問題はそれだけで終わらないと次のように言う。

〔成長によって〕絶対的貧困も増加するのです。〔……〕成長が〔社会の〕上層で進行するにつれて、ますます多くの家庭が社会の底辺に放り出されていきます。〔経済的な〕富が増加していく一方で、〔社会の〕絶対的な悲惨が増加します。「豊富のなかの貧困」という言い旧されたスローガンが新しい意味を帯びてきます。*15

成長によってGDPが増えても、常に半数以上の人びとの所得が社会の平均以下という相対的な貧困を強いられるだけではなく、そうした貧困が社会のなかで固定化され、ひいては絶対的な水準においてもより貧しい状況に追いやられる人びとが増えていくのではないかとロビンソンは懸念したのだ。それは全体的な雇用量の決定に焦点を当てたケインズの経済学では解決できなかった問題である。こうした「経済学の第2の危機」は、彼女がアメリカの経済学会で講演してから四〇年以上を経た今日でも解決されてはいないのである。

ロビンソンはさらに続けて言う。

要するに、分配理論がまだ確立されていないということです。〔……〕経済学者以外のすべての人々が最も解答を必要としている問題について、ふたたび〔経済学者が「経済学の第1の危機」のときと同じように〕何も発言できないでいるという〔経済学の明確な危機の〕事態について話しているのです。*16

ケインズの経済学が異端から正統になることで発生した新たな問題、すなわち〝**豊富のなかの貧困と格差**〟について経済学者が何も発言しない状況が続いていることを、ロビンソンは憂慮したのである。

本章の前半で論じたように、現在の日本を覆《おお》っている〝豊富のなかの貧困と格差〟に焦点をあてるならば、ロビンソンが憂慮した「経済学の第2の危機」を克服することが何よりも緊要な課題である。そのためには、序章でも触れたケインズの「絶対的な必要」が満たされても、なお止まらずに際限のない欲望をエネルギーにして走り続ける成長が、どのような帰結をもたらすのかについてあらためて問い直す必要がある。

ケインズの現実と古典派の非現実

成長を続けることも、人間の欲を満たすことも、それ自体が悪いわけではない。経済思想史が専門の猪木武徳が語るように「人間存在と欲望は切り離せない」し、「欲望が貪欲となり、その貪欲さが時に市場経済を通して多くの富を生み出してきたこと」[*17]も否定できない。ただ、人間の欲を満たす経済成長は無から有を創り出す〝魔法〟でもなければ、すべての人間に公平な恩恵をもたらす〝約束の地〟でもない。そもそも人間の物的な欲望を満たすために消費（破壊）される自然や環境は無限ではないし、強者が稼いだ経済的成果が市場を通して弱者にトリクルダウンされるという議論も既述したように詭弁である。

フランスの経済学者ミシェル・ボーは次のように自問自答する。「欲求を充足するのが経済の目的なら、なぜ現代の強大な経済力は、これほどに充《み》たされない多くの欲求を放置しているのか？　この経済においては、購買力の裏づけのある欲求、すなわち金銭的支出の対象となり得るものしか着目されない。支払能力なき膨大な欲求のほうは、たとえそれが生命の維持に必要かつ不可欠なものでも無視される時代になった[*18]」

市場メカニズムによって満たされる〝欲望〟とは、まさにミシェル・ボーの言う「購買力の裏づけのある欲求」にほかならず、生きていくために必要なものを自由な市場が満たしてくれる保証はない。それにもかかわらずケインズを〝殺して〟台頭した「新自由主義」は、市場の自由な競争によってＧＤＰは拡大し、所得も増え、〝欲望〟も満たされ、生活も豊かになると言って〝小さな政府〟論を人びとに勧めた。

「新自由主義」の主張は、自然環境も含めて稀少な資源はすべて私有されており、市場を通さずに発生するような利益や損害などの外部経済は存在せず、機械や建物などの生産設備はコストをかけずにどんな用途にでも自由に変更可能であり、製品を生産するために要する時間もゼロであるといった非現実的な前提を置くなら成立する。しかし、**非現実的な前提を置かなければ成立しない経済学の帰結は無意味なだけではなく、ケインズが『一**

般理論』で指摘したように「悲惨な結果を招来する」危険さえ孕《はら》んでいるのである。

人びとが経済的な決定を求められる現在とは、不確実な未来と変えられない過去の狭間《はざま》にある。それがケインズの考えていた経済の現実である。その現実において事後的にも最適だと判断できるような決定を行うのは理論的に不可能である。それがケインズの考えていた経済行動における限界である。しかし、それでも決定しなければならないとき、人びとはどのように未来を予想して決定を行うのか。それがケインズの解明しようとした経済理論に通底する問題意識である。

こうしたケインズの経済学が、確率的な期待値によって未来を予測でき、過去の誤りは費用をかけずに清算できると前提したうえで、現在における最適な決定とは何かを分析する古典派とはまったく違うことはあらためて言うまでもない。

ケインズが関心を抱いたのは、**不確実な未来を前にした人びとの経済行動はどのような要因によって影響を受けるか**である。未来に交換される商品の売買が現在の市場で成立するのは、未来が不確実だからだ。売る人は価格が下がると予想し、買う人は価格が上がると予想するから取引は成立する。もし、古典派が想定するように未来が確率的に予測でき、人びとの予想が一致するなら、そもそも売買は成立しない。

もちろん、未来が不確実だからといって、予想がいつも異なるわけではない。未来が不確実でも、人びとの予想が一致することもある。たとえば、誰もが債券や商品の価格が上がらないと予想すれば、未来の値下がりに備えて現在の貨幣需要は無限に大きくなる可能性がある。そうなると、中央銀行がいくら貨幣を供給しても、取引に必要な貨幣以外はすべて貨幣のままで退蔵され、金融政策による需要創出効果はほとんどゼロに陥ってしまう。こうした状態の出現をケインズは『一般理論』のなかで「**流動性の罠**《わな》」と呼んだ。これは流動性（貨幣）を際限なく手元に置きたがる欲求のことである。

一九九〇年代後半以降の日本経済が陥っているゼロ金利下でのデフレが、ケインズが懸念した流動性の罠か否かについては必ずしも定説はない。ただ、流動性の罠に陥っているとするなら、なぜ罠に陥ったのかをケインズのフィロソフィーに立ち戻って検証するほうが、罠からの脱却策について侃々諤々《かんかんがくがく》の論争を繰り返すよりも重要ではないだろうか。[*19] 私の考えでは、デフレは日本経済が陥っている危機の本質ではない。非自発的雇用に象徴される資本主義に内在する矛盾がデフレとなって現れているに過ぎない。

なお、日本のデフレをめぐる私の考えについては、第六章で詳しく論じる。

ケインズの何を復活するべきか

安易なケインズのマシン復活論に意味はないが、経済が危機に陥ったとき経済学者が解明するべきもっとも重要な課題は何かを洞察することに全力を尽くしたケインズのフィロソフィーを復活させることには意味がある。それでは現在の日本で復活すべきケインズのフィロソフィーとは何であろうか。[*20]

再三述べたように、ミクロの合理性だけでは解決できないマクロ特有の問題が存在すること、そのもっとも深刻な問題が非自発的失業であり、その解決にはミクロレベルの価格（実質賃金）調整ではなく、マクロレベルの総需要管理が必要なことを明らかにしたのはケインズの慧眼だった。

ケインズの後継者が怠ったのは、ケインズの慧眼通りに生産力が複利で増加し、平均的な生活水準が一〇〇年間で四倍から八倍に上昇したときに、人びとの暮らしに対する不満は本当に解消されるのかについての検証だった。なぜなら、平均的な生活水準がいくら上昇しても、人びとの間に埋めがたい経済格差が存在するかぎり、平均以下の個人が実感する暮らしの満足度は、いつまでも満たされない恐れがあるからだ。

そもそも社会に存在する**格差への不満を、個人の自助努力だけで解決することはむずか**

しい。なぜなら努力して成功した個人の不満は緩和されても、社会を構成する半分以上の人びとが平均以下の経済状況に置かれている事実は変わらないからである。

パイの拡大を追求する動学的なケインズ政策、すなわち成長政策によって格差の縮小を同時に実現できた戦後の高度成長は歴史的に見て特殊だったことは、すでに述べた通りである。それにもかかわらず、高度成長が終焉してもマクロ的な生産力の拡大によってほとんどの経済問題は解決できるという、マクロ原理主義的な発想に固執し続けていれば、インフレの悪化や財政赤字によってケインズのマシンが劣化するのは当然である。

私的利益の追求が必ずしも社会的利益につながらないことを、雇用との関係で明らかにしたケインズの経済学は、個人が合理的に行動すれば自由な市場競争を通して社会の合理性も実現できるという古典派の予定調和論を崩すことには成功した。だが、調和論に代わるケインズのマクロ理論に従い社会の利益を追求すれば、結果的に個人の利益も満たされるのかとマネタリストや「新自由主義」者に問われて、ケインズの後継者は答えに窮したのである。

そうしたなかで吹いた〝神風〟が二〇〇八年秋の国際金融危機だった。しかし〝神風〟によって復活したのはケインズのマシンに過ぎず、フィロソフィーではなかった。現在の日本で復活すべきケインズのフィロソフィーとは、**正統の権威に惑わされず、危機の本質に迫る異端の洞察**なのである。

第二章　なぜデフレが起きるのか？

——『貨幣論』の教訓

貨幣数量説との葛藤

ケインズは一九二三年に出版した『貨幣改革論』で、旧平価（第一次世界大戦前の、ドルに対して強かったポンドの水準）で金本位制への復帰を目指すイギリスの金融政策が、国内物価の下落を引き起こし、イギリス経済を不況に陥れていると批判した。その対策としてケインズは、イングランド銀行がポンドの対外的な通貨価値の維持にこだわらず、国内物価の安定に注力すべきだと提言した。

序章でも述べた通り、当時のイギリス経済の実態を見ると、物価水準は一九二〇年をピークに下落を続けていたのに対し、金利は下げ止まり、失業率も高止まりを続けていた（図4〜6）。

ケインズは国内物価を安定させるためには、**単に貨幣量を増やすだけではなく、人びとが過剰に現金を保有して貨幣の流通量が縮小しないような政策的配慮が必要だ**と訴えた。なぜなら、長期的には国内物価は貨幣量に依存して決まるとしても「長期的に見ると、われわれはみな死んでしまう」[*1]からだ。

ケインズは『貨幣改革論』の段階では物価安定策として、古典派の「**貨幣数量説**」を批判するに止まっていた。貨幣数量説とは、貨幣量と物価水準の間には一意的な関係がある

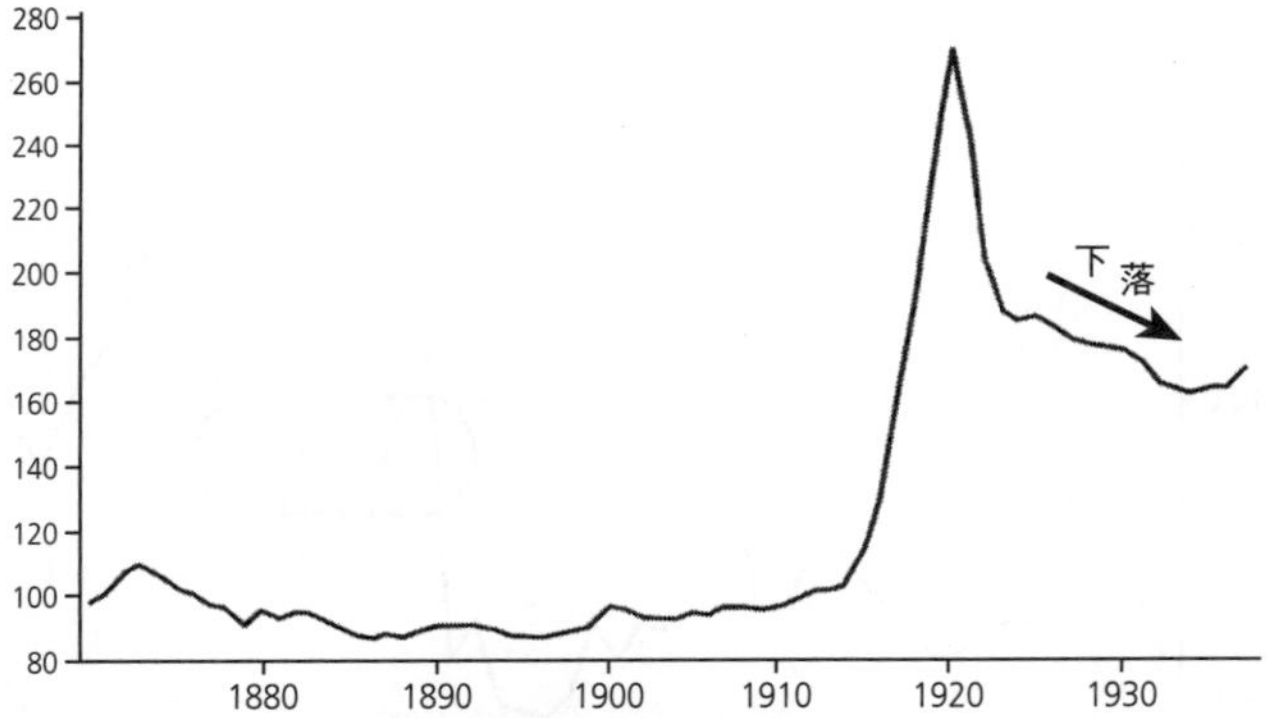

図4　イギリスの一般物価水準の長期推移（1913年＝100）

（出所）Solomos Solomou, *Themes in Macroeconomic History: The UK Economy 1919–1939*, Cambridge University Press, 1996.
（注）一般物価水準はGDPデフレータを採用。

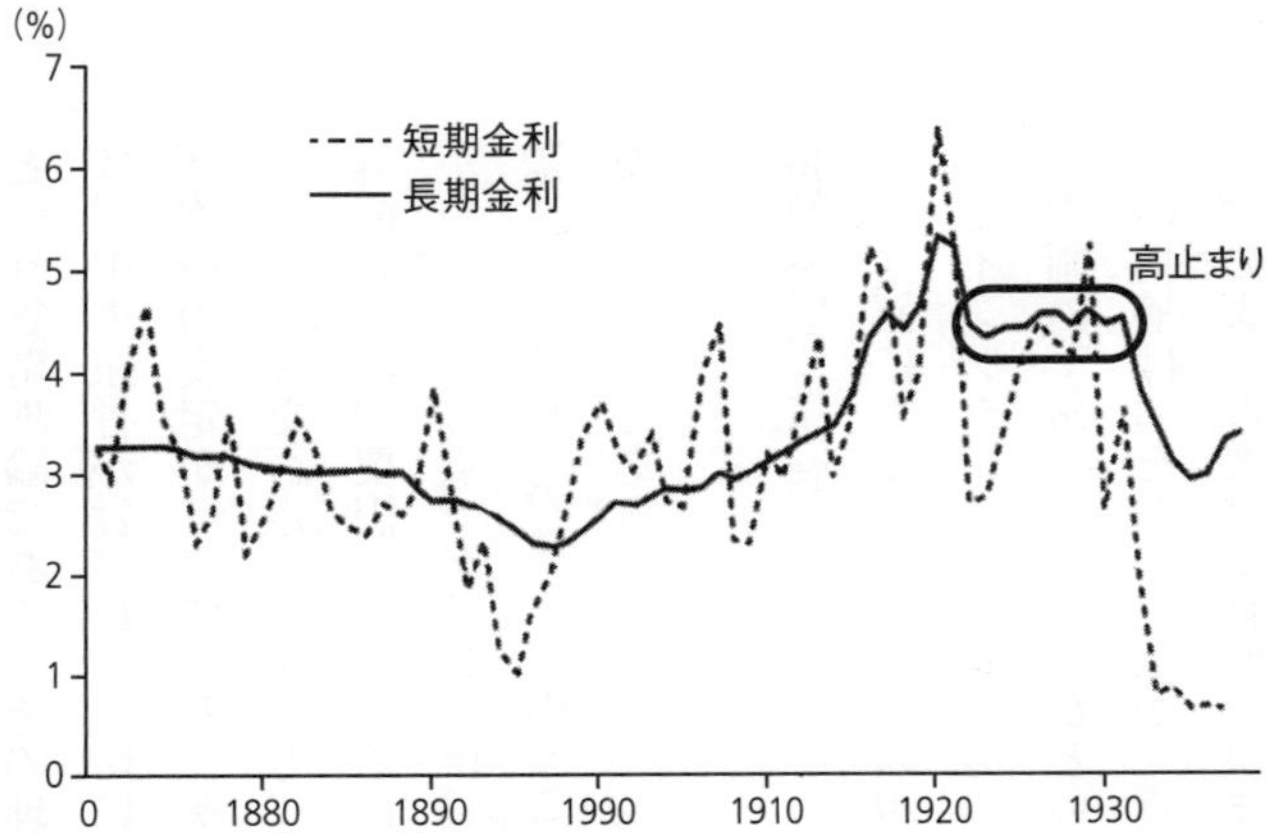

図5　イギリスの金利水準の長期推移

（出所）Solomos Solomou, *Themes in Macroeconomic History: The UK Economy 1919–1939*, Cambridge University Press, 1996.
（注）長期金利はコンソル債、短期金利は3ヵ月国債の名目金利。

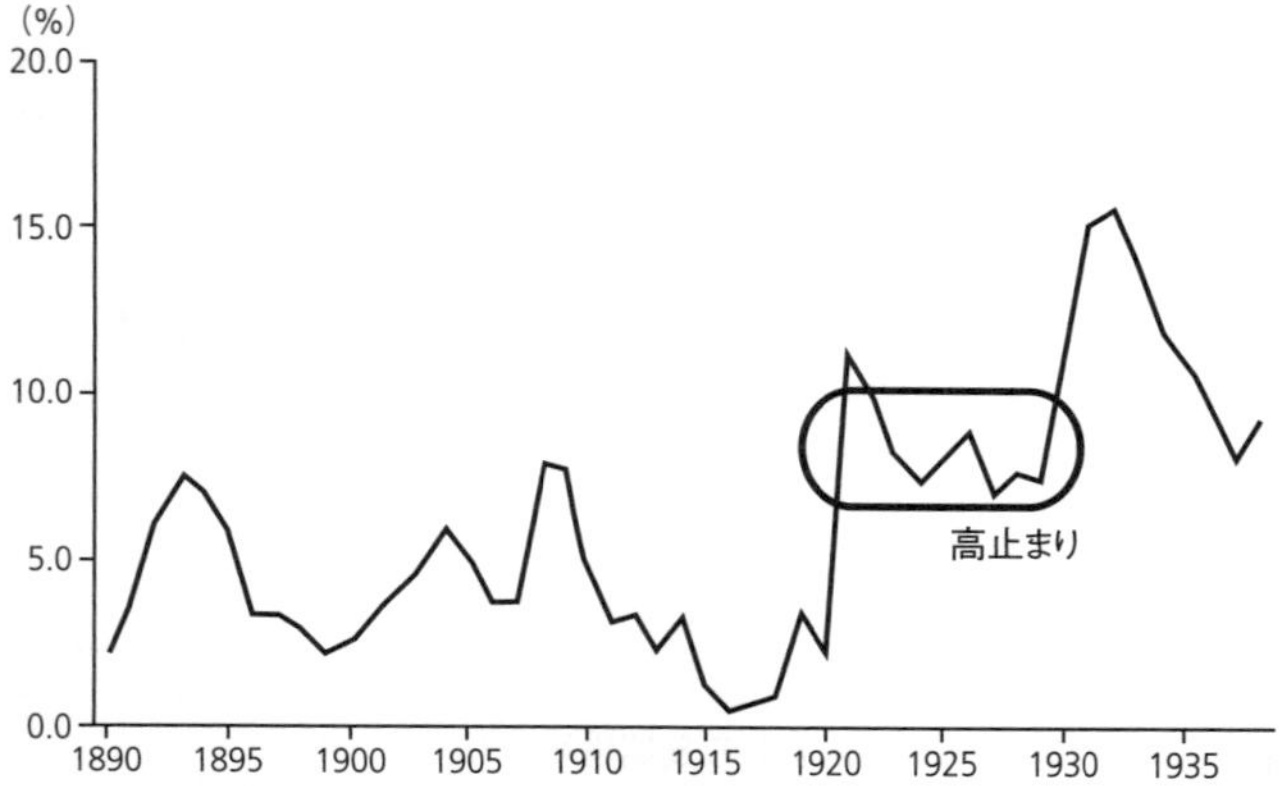

図6　イギリスの失業率の長期推移

(出所)Solomos Solomou, *Themes in Macroeconomic History: The UK Economy 1919–1939*, Cambridge University Press, 1996.

という貨幣理論である。その理論に従えば、中央銀行が貨幣量を適切に調整すれば物価の安定が可能になる。ケインズはこの数量説を否定しながらも、貨幣量以外の物価決定要因を解明するには至らなかった。[*2] その点でケインズは、伝統的な「貨幣数量説」の域から出ることはできなかったのである。[*3]

物価はいかに決定されるのか

旧平価による金本位制への復帰に固執したイングランド銀行の金融政策が、国内物価の下落をもたらしたというケインズの指摘は的を射ていたが、貨幣量以外のどのような要因で物価が決まり、そして下落を続けているかに関する分析は『貨幣改革論』では未完成だった。ここに『貨幣改革論』の公刊後、すぐにケインズが『貨幣論』[*4]の執筆に着手した理由がある。実際、七年かけて書き上げ一九三〇年に公刊された『貨幣論』の序文で、ケインズはその目的を次のように語っている。

私の目的は、単に静学的な均衡の特徴だけではなく、不均衡の特徴を叙述するのにも役立つような一つの方法を見出し、そして貨幣的組織の一つの均衡状態から他の均衡状態への推移を支配している動学的な諸法則を発見することであった。〔……〕私はまた、現代の銀行組織と貨幣的制度との顕著な特徴を述べ、そして実際面での貨幣的統制の目的と方法とを論じた。[*5]

すなわち、古典派の貨幣数量説では説明できない一般物価の決定要因（引用文の「動学的な諸法則」。以下同じ）だけではなく、物価が不安定（「不均衡」）となったり、変化したりする（「一つの均衡状態から他の均衡状態へ推移」する）際の要因、また管理通貨制度の下における中央銀行と銀行システムの特徴、さらには物価や国際収支が不安定な局面における金融政策（「貨幣的統制」）の目的と手段を論じることが、『貨幣論』の目的だとケインズは言うのだ。

ケインズが『貨幣論』で明らかにした貨幣量以外の物価決定（変動）の要因とは、**貯蓄と投資の不均衡として現れる経済全体の需要と供給の不均衡**であった。言うまでもなく需要が供給を上回れば物価は上昇し、逆に供給が需要を上回れば物価は下落する。個別の商品であれば需要と供給の間に乖離《かいり》があれば両者が一致するように物価が変化する。だが、経済全体の需要と供給に乖離がある場合は、一般物価が変化するだけでは両者の乖離を調整できない。このため物価の動きが不安定になり、上昇や下落が続くことになるとケインズは指摘する。

古典派の貨幣数量説が正しければ、貨幣量の操作によって一般物価は安定するはずだが、ケインズは『貨幣論』のなかで有名な「基本方程式」[*6]を用いて、貨幣量を操作しても経済全体の貯蓄と投資が一致しないかぎり一般物価は安定しないことを示した。そのうえで、**一般物価の安定を図るためには金融政策によって、市場で成立する利子率を操作し、貯蓄と投資の均衡を図ることが必要**だと主張した。

つまり、経済全体の供給が需要を上回り一般物価の下落が続く原因は、投資と貯蓄が均衡する自然利子率と比較して、市場利子率が高すぎることにある。したがってデフレ脱却のためには、中央（イングランド）銀行が金融政策によって市場利子率を引き下げる努力をすべきだと提言したのである。

現在のデフレ対策にも生きる『貨幣論』の教訓

ケインズが『貨幣論』で示した物価の決定理論には、現在の日本が直面しているデフレ対策にも通用できる示唆《しさ》に富んだ議論が含まれている。たとえば、投資の増加に影響を与える長期利子率の引き下げに関してケインズは次のように述べる。

非常に低い短期利子率が長く継続するということについて、一般的な確信を生じさせるだけでも、十分であるかもしれない。*7

これは、現在の日本銀行が唱えるゼロ金利の時間軸効果を先取りする議論と見なすことができる。時間軸効果とは、短期金利を長期にわたり低い水準に固定することを、中央銀行が市場にコミット（公約）することによって、本来は短期金利の調整手段しか持たない中央銀行が、長期金利にも影響を与えることを期待して行う政策の効果である。

この政策効果に日銀が一九九〇年代後半以降の早い段階で気づき、利子率の低下を市場に〝確信〟させる重要性を認識していれば、一九九九年二月に導入したゼロ金利を、市場との対話を欠いたまま日銀の判断で翌二〇〇〇年八月に早々と解除し、二〇〇一年三月になって再びゼロ金利に戻すといった政策の迷走を回避できたのではないか。

また、アメリカのＦＲＢ（連邦準備制度理事会）がリーマンショック後のデフレに対応するため、二〇一二年一月下旬に公表した「事実上のゼロ金利を二〇一四年まで続ける」というコミットメント、すなわち市場向けの公約も、日銀が二〇〇〇年代のはじめに先行して実施できていたかもしれない。

ただ、ケインズは超低金利政策の実効性を担保するためには、国際協調が必要なことも同時に提言していた。実際、ケインズは一九三〇年、大不況のまっただなかで、イギリスのイングランド銀行とアメリカのＦＲＢが共同して、徹底した量的緩和を追求することが必要だとして、次のように説いている。


イングランド銀行とＦＲＢは共同して短期利子率を非常に低い水準に維持し、中央銀行貨幣の供給量を増やすか、あるいは手持ちの短期証券を売却した資金で長期証券を買い上げるという操作を、両国の短期市場の間で金利の裁定取引が行われなくなるまで続けるべきである。*8

つまり、一国だけが超低金利政策を講じても、海外の金利が高ければ、より高い金利を求めて資金が海外に流出してしまう。そのことを放置したままでは、デフレ対策の効果に限界があることをケインズは見抜いていたと言える。

これは、日本における金融緩和が遅すぎ不徹底だったから、バブル崩壊後の停滞が長期化したと言って日銀を責めるだけではなく、**金融緩和の骨抜きを防ぐような政策協調を欠いた日本政府の対応にも問題があったこと**を示唆する重要な指摘でもある。そう考えると、二〇〇八年秋のリーマンショック後に各国との政策協調の下で進められたＦＲＢの金融緩和と、バブル崩壊後に日銀が単独で取り組んだ超低金利政策の効果を単純に比較することもできないのである。

金融政策の限界を見抜く

ケインズは大不況のなかで、中央銀行は物価安定のためにあらゆる政策を試みるべきだと主張した。しかし、本当に物価が安定するか否かについては懐疑的だった。実際、ケインズは『貨幣論』のなかで次のように述べている。

われわれは、物価水準を決定する多種多様な要因と、物価を左右しうる手段を分析し、また分類しようと努めてきた。しかし結局のところ、物価の安定を維持する義務が、法律によって中央銀行に課された場合、中央銀行にとってこの義務を果たすことが可能かどうか疑問である。[*9]

ケインズが『貨幣論』で行き着いたデフレ脱却の〝鍵〟は企業の投資である。しかし、金融政策によって企業の投資が増える保証はなかった。なぜなら、金融政策は政策金利の低下を通して企業の投資コストを引き下げることはできるが、企業の期待収益率が利子率を上回らなければ投資は増加しないからだ。

これに対し社会主義であれば回り道をしなくても、国家の命令によって直接物価をコントロールできる。ケインズが、デフレを放置しておくと、資本主義体制が崩れ社会主義にとって代わられると次のように警告したのは、デフレ対策に対する人々の失望が不測の事態に発展する恐れがあると直感したからである。

物価水準の継続的下落が起こるならば、疑いもなく、われわれの現在の資本主義的個人主義の体制は、広範囲におよぶ社会主義にとって代わられるだろう。[*10]

ケインズは過度な量的緩和が引き起こすハイパーインフレーションの懸念を理由に、積極的な金融緩和を躊躇《ちゅうちょ》するイングランド銀行やＦＲＢ幹部の意見に一定の理解を示しながらも、大不況の最中において原則論を貫く両機関の対応までは支持できなかった。ただ、古典派の「貨幣数量説」を批判してきたケインズとしては、中央銀行にインフレ目標を課し、貨幣供給量さえ増やせばデフレは解決できるという単純な量的緩和論にも同意できなかった。そうしたジレンマのなかで、イギリスとアメリカの二国間協調を前提に「何でもあり」の超低金利政策をケインズが勧めたのは、**経済学者としての選択というよりも実務家としての決断だった。**

『一般理論』への決意

しかし、同時にケインズは物価の決定要因に焦点を当てた『貨幣論』の限界と、そこに潜む重大な欠陥にも気づき始めていた。ケインズは『貨幣論』の序文で次のように語っている。

私は本書の校正刷りを通読して、その欠陥を強く自覚している。〔……〕私が最後に到達した考えは、出発点とは非常に違っている。その結果本書の中には、私がかつて懐いていた考えを捨てて、現にもっている考えに達するようになった過程を表わしているものが、数多く存在しているのではないかと危惧している。私の脱ぎ捨てた幾枚もの皮が、まだこの本のページを乱雑なものにしている。したがって、もし私がもう一度始めから書き直すとすれば、内容を改善しかつもっと短くすることもできたであろう。[*11]

ケインズは『貨幣論』を公刊した二年後の一九三二年四月に書かれた外国語版への序文

で、

物価の決定に関する見解の理論的基礎を拡張かつ修正して、純理論的な性格の小著を公にしたいと思っている。*12

と述べ、『一般理論』の公刊に向けた決意を表明するのである。

「セイの法則」という呪縛

ケインズは『貨幣論』によって、古典派の貨幣数量説から逃れることに成功したが、もう片方の足はなお古典派経済理論の〝公理〟とも言える「**セイの法則**」に囚《とら》われていた。

セイの法則とは、経済学のテキストでは「供給は自らの需要を生む」と説明されている。後出の『一般理論』との関係で言えば、需要と供給が労働市場で一致しているときは必ず完全雇用が成立している、すなわち市場が均衡しているときには失業は存在しないという法則である。

したがって、セイの法則が現実に成立するなら、経済全体の生産量や雇用量がどのように決まるかという理論は無用になる。なぜなら、市場で雇用されていない資源があるとすれば、それは需要と供給の不均衡（不一致）にほかならず、価格の変化によって需要と供給が均衡すれば完全雇用も自然に成立するからだ。

すなわちセイの法則が成立する古典派の世界では、失業とは労働力の価格である実質賃金の下落によって解決可能な労働市場における不均衡にほかならない。賃金が人為的に固定されていないかぎり、**不完全雇用（失業）は理論的に存在しない**からである。

『貨幣論』を書き終わった時点で、ケインズはセイの法則に囚われていた自らの理論に潜む欠陥を直感した。その経緯をケインズは、『一般理論』[*13]の序文で次のように述べる。少々長いが『貨幣論』から『一般理論』へと向かうケインズの葛藤《かっとう》が現れている重要な箇所なので引用しておく。

> 本書と五年前に刊行された『貨幣論』との関係は、おそらく誰よりも私自身がいちばんよく知っている。〔……〕『貨幣論』を書き始めたころ、私はまだ、貨幣の作用を需要・供給の一般理論とはいわば別個のものと見なす伝統的な考え方に沿って思索を進めていた。それでも本を書き終えたときには、貨幣理論を産出量全体の理論に連れ

戻す方向へ歩もうとしていた。しかし先入観から解き放たれていなかったために、産出量水準の変化が及ぼす効果をとことんまで究めることはできず、『貨幣論』の理論編はいまから見るとひどく欠陥のあるものになってしまった。私のいわゆる「基本方程式」は産出量一定という仮定の下で撮られた瞬間的映像であった。産出量を一定と仮定したとき、利潤を不均衡ならしめる諸力がどのような展開をたどるかを示そうとしたのが基本方程式であり、そうであれば基本方程式は産出量水準の変化がなくてはすまないものであった。〔……〕それに比べると本書は、何よりもまず、全体としての産出量と雇用の規模を決定する諸要因についての研究となっている。[*14]

セイの法則に囚われた『貨幣論』の世界では、一般物価の変化を通して経済全体の産出量と雇用量が変動することはあっても、物価の変化が止まれば両者は新しい物価水準の下で再び一定の水準に落ち着く。つまり、物価の変化によって産出量や雇用量の水準が時間の経過とともに変動することはあっても、産出量や雇用量が完全雇用の水準から乖離し続ける事態は『貨幣論』では想定されていなかった。[*15]

実物経済と金融経済の相互関係

ケインズは『貨幣論』で、財を「**消費財**」と「**投資財**」の二種類に分けた。前者は、日常生活に必要な食糧や衣料品のような、それ自体の消費が目的で購入されるもの。後者は、住宅や生産設備のような、それによって得られるサービスや収益を目的に購入されるものである。

そのうえで、『貨幣論』で分析されたのは、消費財企業と投資財企業で雇用される雇用者（消費財と投資財の生産費）の構成比と、消費財と投資財の購入に振り向けられる需要（消費財と投資財への支出額）の構成比が一致しない場合に、消費財の価格と消費財企業の収益はどのように変化し、その変化が一般物価の水準や経済全体の貯蓄および投資にどのような影響を与えるかという問題だった。

ケインズが財を消費財と投資財に分けたのは、上記した財の購入目的の違いが、財の価格決定にも反映されると考えたからだ。つまり消費財の場合は、単純に生産費に比して支出額が上回るときには需要価格が供給価格を上回り価格が上昇し、逆の場合には下落する。

これに対し投資財の場合は、もう一単位投資財を購入して得られると企業が予想する毎年の収益を、市場利子率で割り引き、現在価値に換算した金額が需要価格となる。一方、投資財の供給価格とは、もう一単位投資財を生産するときの生産費である。投資財の価格も消費財と同様に需要価格が供給価格を上回るときは上昇し、逆の場合は下落する。消費財と異なるのは、投資財の需要価格が企業による収益予想や中央銀行による金融政策の影響を受ける点である。どのような影響を受けるかはこの後に述べる。

ケインズは古典派のように、実物経済と金融経済が相互に独立しているとは見なさなかった。消費財の需給が一般物価の決定に及ぼす影響など、両経済の相互関係に着目したところにケインズのエポックがあったからだ。なお、このエポックについてもこの後に言及する。

なぜデフレが生じるのか

『貨幣論』における物価決定の議論に戻るなら、前述した総生産に占める消費財の割合以上に、総支出に占める消費財の割合が高まると、それによって消費財への支出額が生産費を上回ることから消費財の価格が上昇し、その分だけ消費財企業には超過利潤が発生するとともに、一般物価も上昇することになる。この過程をわかりやすく説明すると次のようになる。

期首に投資財企業では工作機械を1台100万円で売れると想定して10台生産し、消費財企業ではコップ1個100円で売れると想定して30万個生産したとする。このとき総生産に占める生産費ベースの消費財の割合は（100×30万）／（100万円×10＋100×30万）＝75％となる。一方総支出に占める消費財の割合は、需要が多く82・5％になり、総生産に占める割合75％よりも大きくなったとする。

ここで総支出と総生産費の金額は等しいと仮定すれば、30万個のコップの生産費3000万円に対してコップの消費支出額は4000万円×82・5％で3300万円となり、300万円の超過需要が発生する。コップの支出額3300万円をコップの生産量30万個で割るとコップ1個の需要価格は110円となり、消費財企業はコップ1個について10円、すでに生産した30万個合計では300万円の超過利潤が得られる計算になる。この超過利潤を消費財企業が次期の生産や雇用の増加に回せば、今期の消費財価格の上昇によって次期の生産や雇用の増加が引き起こされることになる。

投資財の価格決定要因は前述したように複雑なので、ここでは一定と仮定すれば、消費財の価格が上昇した分だけ一般物価が上昇する。つまり、貨幣量は不変でも、消費財に超過需要が発生すれば一般物価は上昇するのである。
このようにして、消費財に対する超過需要が一般物価の上昇を引き起こし、消費財企業に発生した超過利潤が、次の期における生産量や雇用量の増加を引き起こす。逆に、消費財に対する超過供給は一般物価の下落を引き起こし、超過損失は、次期の供給量と雇用量の減少を引き起こす。この過程をケインズは『貨幣論』の「基本方程式」を使って表し、古典派の経済理論では相互に関係がないとされていた**一般物価を決定する金融経済と、生産量や雇用量を決定する実物経済の間に相互依存的な関係があること**を示したのである。[*16]
『貨幣論』の分析にしたがえば、一九二〇年代にイギリス経済が陥ったデフレは、ケインズにとって、経済全体の生産量や雇用量の減少を引き起こす重篤《じゅうとく》な経済の病に見えた。[*17]
ケインズが前述したように、イングランド銀行とアメリカのＦＲＢとの協力による徹底した超低金利政策を提言したのも、物価上昇に効果がありそうな政策なら、何でも講じてみる以外にデフレを脱する手段はないと考えたからではないか。

金利引き下げでデフレ克服を

〝何でもあり〟のデフレ克服策のなかで、ケインズがもっとも効果があると『貨幣論』

で提言したのが、投資財の価格に影響を与える長期利子率の引き下げである。なぜなら、長期利子率が下がり、利子率で割り引いた投資の期待収益の現在価値が増え、投資財の需要価格が上昇して、投資財の生産企業に超過利潤が発生すれば、投資財の生産量が増え、雇用量も増えると考えたからだ。

なお、「利子率で割り引いた期待収益の現在価値」とは、わかりやすく言うと、新しく投資財を購入して生産を増やし、それによって得られると期待される収益と同じ額の収益を、現在の長期利子率で金融資産を運用して得るためには、いくらの金融資産が必要になるかを計算によって求めた金額である。

この計算で求めた金融資産の金額と新しく購入する投資財の価格を比較して、投資財の価格のほうが低ければ、その差額分だけ金融資産で運用するよりも投資財を購入して生産を増やしたほうが多くの利益を得られると期待できる。すなわち、投資の期待収益を一定とすれば、長期利子率が低くなるほど、投資をした場合と同じ収益を得るために必要な金融資産の金額は大きくなり、投資が有利となって、投資財に対する需要が増加し、投資財価格が上昇することになる。

そう考えたから、ケインズは**中央銀行が操作できる政策金利**（公定歩合）を引き下げ、

低金利が長期にわたって続くことを人びとが確信するように、イングランド銀行とFRBが協力して長期債券を金融市場で購入し、その価格を引き上げる（長期金利を引き下げる）公開市場操作がデフレ対策として有効だと主張したのである。

一連のケインズの考えは、以下の『貨幣論』からの引用にも反映されている。

> 銀行組織は、個々の商品の価格、あるいは生産要素の貨幣収入率を、直接的に左右することはできない。〔……〕このことは、現代の世界では物価の調節が、投資額の調節を通して行なわれるということを意味している。中央銀行のできることは、公定歩合を操作するにしても、あるいは公開市場取引によって操作するにしても、投資額に影響を与えるということ以外には何もないのである。[*18]

シナリオの欠陥

しかし、長期利子率の低下が投資財価格の上昇を引き起こし、投資財企業に超過利潤が発生して、投資財企業の生産と雇用が増え、経済全体の総支出も増加して、消費財に対する支出も増えると、一般物価の下落は止まりデフレから脱却できるというケインズのシナリオは、超過利潤という〝供給〟が必然的に総支出の増加という〝需要〟を生む「セイの法則」が成立しなければ実現しない話である。*19

したがって、長期利子率が低下してもイギリス経済がデフレから脱却できないときは、理論に反する現実に問題があるのではなく、現実に反する理論（セイの法則）のほうに問題があることになる。実際、一九二〇年代には高止まりしていた長期利子率は、大不況後の一九三〇年代に入ってから急速に低下したが、三〇年代後半に至るまで物価の下落は止まらなかった（図4と図5を参照）。『貨幣論』のシナリオどおりにはデフレから脱却できないイギリス経済を前にして、ケインズは次のように考えたのではないだろうか。

徹底的な金融緩和により長期利子率が低下し、投資財の購入が金融資産の運用より有利になっても、実際に投資財に対する需要が増えなければ、投資財の価格は上昇しない。また、仮に投資財の価格が上昇し、投資財企業に超過利潤が発生しても、企業にとって超過利潤とは意図せざる貯蓄に過ぎない。それを次期における増産目的の投資に回そうと投資財企業が決断するためには、**新しい投資によって現在の利子率よりも高い収益率が期待できるという確信**が必要になる。

つまり、超過利潤を得た投資財企業は、あらためて新規の投資から得られると期待される収益と、不確実な将来に備えて超過利潤を貨幣のまま保有することから得られる利益とを比較し、前者が後者を上回るなら投資を増やすが、逆の場合は貨幣を退蔵し、今期の超過利潤は次期の生産や雇用の増加には回らないことになる。

そう考えたとたん、ケインズの頭には**『貨幣論』では究《きわ》められなかった理論上の欠陥**が浮かんできたのではないか。この欠陥は現在の日本経済が直面するデフレを考えるうえでも看過できない問題である。

前述したように、経済全体の生産量や雇用量がどのように決まるのかについて、ケインズは、『貨幣論』の段階ではなお古典派の経済理論、すなわちセイの法則に囚われていた。実際、貨幣が交換手段としてしか機能しない社会、すなわち実質的には物々交換に等しい社会、もしくは生産者と消費者が人格的に一人しか存在しないロビンソン・クルーソー的な社会であれば、セイの法則は自動的に成立する。しかし、自給自足ではなく分業が進んだ社会では、貨幣が交換手段以外に価値の貯蔵機能（具体的にはタンス預金や銀行の普通預金）を有するようになり、セイの法則の成立を阻むことになる。

実際、貨幣の退蔵によって供給が需要を生まずに、経済全体の需要が不足する場合には、価格が低下してもさらなる価格の引き下げを期待して貨幣の退蔵が増え、供給過剰が続く恐れがある。現行の賃金で働く意欲と能力があっても雇用機会を得られない非自発的失業とは、経済全体の需要不足（リフレ派が唱えるような貨幣量の不足ではない！）が引き起こすもっとも深刻な病の現れなのである。*20

カネを手元に置きたがる心理

ケインズの経済学は、古典派との比較において貨幣経済論と呼ばれる。それは実物経済論、すなわち個々の財における需要と供給の均衡理論を経済分析の中心に据え、貨幣論、すなわち貨幣の需要と供給に関する理論を脇に置いた古典派の物価決定論を、ケインズは『貨幣論』で批判したからである。また、後述する『一般理論』では、経済全体の産出量や雇用量の決定要因に着目して、セイの法則を前提にした古典派の実物経済論を批判し、古典派を「特殊事例として包摂する」新しい経済学を構築したのである。

ケインズ自身は古典派の経済理論と自らの新しい経済学との関係について、『一般理論』の序文で次のように語っている。

貨幣経済とは本質的には、将来についての見解の変化が雇用の方向のみならずその量にも影響を及ぼす可能性をもつ経済のことである。将来についての見解が変化すれば現在の経済行動はその影響を免れない。しかしこのような経済行動を分析するわれわれの方法はあくまでも需要と供給が相互に及ぼす影響を基本としており、古典派の基本的な考え方を排除するものではない。したがって、本書によってわれわれはこれまで慣れ親しんできた古典派理論を特殊事例として包摂する、もっと一般的な理論へと導かれることになる。[*21]

人びとが現在行う決定に未来の予想が影響を与えることは、普通に生活を営んでいる私たちにとっては当然のことである。むしろ、明日どうなるかも考えないで、今日暮らしている人のほうが珍しい。ただ、現実に私たちが営む生活での選択や行動を、経済理論の世界で分析することは予想外にむずかしい。主流派の経済学者は不確実な未来を数学的な期待値によって確率的に予測し、それを現在の行動に反映させるのが合理的だと言うが、**本質的に不確実な将来はどんなに高度な数学を用いても主流派の経済学者が言う通りには予測できない**。予測できないことを予測できると過信した帰結が、サブプライムローン問題を起因としたアメリカ発の国際金融危機だったことは周知の事実である。

貨幣経済とは不確実な未来に対する人々の見解が、貨幣に対する人びとの選好《せんこう》を通して現在の経済行動に影響を及ぼすことを想定した経済学のことである。「貨幣に対する人々の選好」とは、ほかの商品にはない貨幣独特の価値貯蔵機能や一般的な交換手段の機能を人びとが好んで選択することだ。くだいて言えば、モノを買わずに、カネを手元に置いておきたいという心理でもある。

「正統派」の誤りを正すために

ケインズが『一般理論』によって古典派の理論を特殊事例として包摂する、もっと一般的な理論へと当時の経済学者を導こうとしたのは、当時のイギリス経済において失業が深刻化していたにもかかわらず、古典派の雇用理論では失業の原因を理論的に解明できず、また現実的にも有効な失業対策を打ち出せなかったからである。

ケインズは『一般理論』の序文の冒頭で次のように述べている。

正統派である古典派経済学に誤りがあるとしたら、その誤りは、論理的整合性に心を砕いて構築された上部構造ではなく、その前提が明確さと一般性を欠いている点にある。[22]

ケインズは『一般理論』で必ずしも古典派の全体系を批判しようとしたのではない。古典派の理論に馴染《なじ》んできた経済学者に対して、彼らが正しいと考えてきた理論の「若干のもの」に誤りがあることを彼ら自身の頭で再検討し、納得してほしいと訴えたに過ぎない。ケインズは自らの目的を達成するために、高度に抽象的な議論と、いくつもの論争が必要だと述べてはいるが、その真意は必ずしも論争によって相手を打ち負かし、自らの正しさを証明することではなかった。

実際、ケインズは『一般理論』の草稿で次のように語っている。

経済学においては、反論者は既存の理論をまちがっていると断定することはできず、あやまりを納得させることができるだけである。しかしこちらの議論が正しくても、説得力や表現力がなかったり、あるいは相手がすでに反対の考えに凝り固まったりしているならば、相手を納得させることはできない。〔……〕〔この場合は〕論争よりも時間が、真理とあやまりをえり分けてくれるだろう。[23]

どの古典も誕生するときには異端である。正統派と評される経済学は、いつの時代においても現実の危機を経済学の危機としてはとらえないからだ。正統派にとっての現実の危機とは正統派の経済学に反する非合理な行動の結果か、もしくは想定外の事故や事件によって引き起こされた不幸な出来事に過ぎない。

正統派の経済学が論理的に堅固なことはケインズも認めていた。しかし、古典派の公理とも言えるセイの法則を前提とするかぎり、非自発的失業の存在は理論的に説明できない。ケインズが『一般理論』で指摘した古典派の誤りは「掛け値なしに重大であり、かつその議論を現実の経済運営に適用しようとするならば悲惨な結果を招来する」[*24]恐れがあったのである。

ケインズは一九三二年のケンブリッジ大学におけるミカエルマス学期（秋学期）で、自らの講義名をイースター学期（春学期）の「貨幣の理論」から、「生産の貨幣的理論」へと変更した。すでに『一般理論』の原稿に着手していたケインズは、重要な問題は**貨幣政策が価格よりも、生産にどのような影響を及ぼすかにある**、と講義で語り始めていた。

当時の学生のノートをベースに再現された講義録[*25]を参照すれば、『貨幣論』から『一般理論』に至るケインズの思考過程を浮き彫りにすることができる。ただ、ここでは『一般理論』を編む闘いについてケインズが語った文章を引用するに止め、次の議論へと進むことにしたい。

著者〔ケインズ〕にとって、本書〔『一般理論』〕を編むことは慣習的な思考・表現方式から逃れ出ようとする長い闘いにほかならなかったし、それらに対する著者の攻撃が功を奏したとするなら、大方の読者にとってもまた、本書を読むことはそのようなものであるに違いない。苦心惨憺して本書に示された見解は単純そのもの、まぎれはないはずである。困難があるとしたら、それは新しい考えの中にではなく、われわれのように育ってきた者たちの、精神の隅々にまで染みわたっている古い考え方から逃れ出ることにある。*26

第三章　なぜ「非自発的失業」が存在するのか？

──『一般理論』の豊かな可能性

本章ではケインズの経済学的思考について解説したうえで、『一般理論』においてケインズが示した雇用理論と雇用対策の豊富な内容を、テキスト風に説明することがいかにむずかしく、またケインズの真意とは異なる恐れがあるのかを、実例を挙げながら検証することにしたい。

経済学的思考の精密さをめぐって

〝難解〟とは知名度が高くても、繙かれることは滅多にない古典に冠される枕詞《まくらことば》だ。しかし、『一般理論』は経済学の専門家にとっても難解である。岩波文庫から二〇〇八年に『一般理論』の新訳を公刊した間宮陽介は訳者序文で、その難解さを次のように紹介する。

読み進んでいくうちに自然と核心に至るという書き方ではなく、土台をしっかり固め、その土台の上に建物を構築するというやり方をとっているから、頭の部分が非常に重くなっている。概念規定では厳密さを追求するあまり、議論の末梢部分が異常に肥大化し、議論の筋道を見えにくくさせている。不必要に深入りしている箇所があるかと思えば、謎めいた判じ物のような箇所もあり、読む者に過重な負担を強いる。しかも苦労が報われるという保証はないのである。[*1]

最初から読者の意欲を削《そ》ぐような紹介だが、『一般理論』を手にしてから約四〇年、ようやくゼミの学生に内容を解説できるようになった私が、遅まきながら気づいたのは『一般理論』が難解なのではなく、**複雑で多様な動機を持つ人間が営む経済を一貫した論理で精密に語ることがむずかしい**ということである。

ケインズは経済学の分析における精密さをめぐり、序章でも紹介したように一九三三年のミカエルマス学期の講義で次のように語っている。

経済学にはどの程度の精密さが当を得たものなのであろうか。精密さを求めすぎると、細密な概念の区別にこだわり本質よりも形式を重んじたスコラ哲学に陥る危険が存在する。すべてを包摂するような一般化は経済学では実行不可能である。経済学における一般化とは実例による考察であり、機械的な論理を利用することはできない。[*2]

それでは経済学に求められる精密さとはどの程度のものなのか、そう質問する学生にケインズは次のように答えている。

〔ケインズの恩師である〕マーシャルの定義は非常に漠然としており、多くの用語は定義がなされず、読者に必要な定義の推定を許すような多くのことがらが与えられている。多くの古典派の経済学者は、彼らの定義を非常に精密なものにすると同時に、それらをあまりにも厳格なものにしている。そこにはスコラ哲学的な危険性が潜んでいる。経済学における一般化されたケースとは、本当の一般化であるよりも実例の提示なのである。[*3]

つまり、論理的な精密さにこだわりすぎると現実的な問題が看過されて理論が貧弱になる一方、現実は複雑かつ多様だからといって「不明瞭でぼんやりした不正確さ」で済まそうとすれば経済理論は構築できない。**両者の矛盾を克服するためには実例、すなわち実務や観察から得られる知識によって一般化を図るべきだ**とケインズは言う。

ケインズはスコラ哲学的な古典派の考え方を必ずしも一刀両断に否定しているのではない。実際、上記の講義でスコラ哲学的になることを支持できる理由を、ケインズは「低次」

「高次」という二つの面から挙げている。

一つ目は、もしあなたが正確でない場合、あなたの反対者は、あなたの考えよりもむしろあなたの表現がまずいことを証明しようとし、かなりの程度あなたの考えを傷つけるであろう。／二つ目は、スコラ哲学的であろうとつとめれば、あなたの考えにおける空隙や不完全性が明るみにさらされ、それゆえにあなたのふわふわした怪物、すなわち直感的に理解できるが論理的な整合性をもって説明することはむずかしい経済行動を決定する要因が本当はかなりよいものであることを知って、あなた自身が満足するのに役立つ。[*4]

ケインズが「低次」と言う一つ目の理由は、主張の内容よりも主張の表現が正確さを欠いているといった無用の反論を受けないようにするためであり、「高次ないしは重要な」と言う二つ目の理由は、形式的な整合性を備えた理論を究めることによって、逆にスコラ哲学的な理論とは矛盾する関係のなかに、重要な一般理論が存在することを洞察するためである。

セテリスパリブスという呪文

ケインズは『一般理論』のなかで、経済分析の目的と経済学的思考に関して次のように語っている。

われわれの分析の目的は間違いのない答えを出す機械ないし機械的方法を提供することではなく、特定の問題を考え抜くための組織的、系統的な方法を獲得することである。そして、複雑な要因を一つ一つ孤立させることによって暫定的な結論に到達したら、こんどはふたたびおのれに返って考えをめぐらし、それらの要因間の相互作用をよくよく考えてみる必要がある。これが経済学的思考というものである。〔……〕記号を用いて組織的に形式化する疑似数学的方法が持つ大きな欠陥は、それらが関連する要因相互の完全な独立性をはっきりと仮定しないと説得力と権威が損なわれてしまうことである。*5

序章でも述べたが繰り返そう。経済学を学び始めた者が真っ先に覚える魔法の呪文は

〝セテリスパリブス〟、すなわち「**そのほかの条件が一定ならば**」という意味のラテン語である。この呪文を唱えれば古典派の理論も、現実の経済を説明できる正しい理論に変身する。たとえば、りんごの価格が変化したとき〝セテリスパリブス〟、つまりみかんなどりんご以外の果物の価格が一定で、人びとの所得や嗜好《しこう》なども一定で変化しないとするなら、りんごの価格が上昇したときりんごの需要が減り、りんごの供給は増えるという理論は、たしかに正しい。

同様に労働力の価格である貨幣賃金と雇用量の関係についても〝セテリスパリブス〟、すなわち生産技術や設備のストック、経済全体の需要量や産業の構成比および利子率や為替レート、さらには一般物価などほかのすべての条件が一定ならば、貨幣賃金が下落すると雇用の需要は増え、供給は減って完全雇用が成立することになる。

さらに、貨幣を需要する目的が取引（交換）の円滑化だけにあり、貨幣の流通速度、すなわち貨幣が一定期間内に何回取引に使用されるかという頻度が変化せず、経済全体の生産量も完全雇用の水準で一定だとするなら、貨幣量と一般物価の間には古典派の貨幣数量説が説くような比例的関係が存在する。

しかし、どう考えてもそのほかの条件を一定として、価格や数量の変化が現実の経済行動に与える影響を分析するのは非現実的である。それは上記の引用にもあるように「要因間の相互作用をよくよく考えてみる必要がある」からだ。

たとえば貨幣賃金が下落したら、企業は雇用を増やそうとするかもしれないが、賃金の下落によって雇用を増やす前に需要が減れば、企業は雇用を増やすのではなく逆に減らすこともある。すなわち賃金が下がっても需要は一定という〝セテリスパリブス〟はもちろん、ほかの変数を一定としてある変数が変化したときの効果だけを求めようとする数学の偏微分も、現実の経済を分析する際には通用しない。それではどうすればよいのだろうか?

日常言語による経済学を

ケインズは前記の引用に続けて次のように述べる。

いついかなるときにも自分は何をやっているのか、その言葉は何を意味しているのかを心得ている日常言語《オーディナリー・ディスコース》であれば、留保、修正、調整の余地を「頭の片隅に」残しておくことができる。しかし、込み入った偏微分を、その値がすべてゼロとされている代数の幾ページかの「紙背」に残しておくことは不可能である。最近の「数理」経済学の大半は、単なる絵空事に過ぎない。現実世界の複雑さと相互依存を見失ってしまうのも無理からぬことである。*6

経済分析にかぎらず表現の精密さという点では、数学的な記号のほうが日常言語よりも優れている。しかし、現実の経済を分析するうえでは、数学的な記号よりも日常言語のほうが優れているとケインズは言う。なぜなら、日常言語には現実の経済行動を表現する〝余白〟が残されているからだ。

実際、りんごの価格が上昇しても、みかんやほかの果物の価格あるいは人びとの所得がりんごの価格よりも上昇したり、将来りんごの価格がもっと上昇すると予想されたりするときには、りんごの需要は減らずに増えることもある、と日常言語なら容易に表現できる。

そうした現実の多様性を数学的な記号で表現しようとすれば、日常言語よりもはるかに複雑になってしまう。日常言語なら上記のように現実に起こり得る可能性を容易に表現できるし、現実の経済行動を理論的に考えることもできる。こうした**日常言語による経済学的思考**は、既述した貨幣賃金の変化が雇用の需給に及ぼす影響を分析する際にも、また貨幣量と一般物価の関係を考察する際にも有効かつ有益なのである。

ケインズには、〝セテリスパリブス〟の呪文が通用しない経済理論のほうが一般的であり、数学的な精緻さやスコラ哲学的な形式論理にこだわるよりも漠然とした日常言語で概念や定義を表すほうが経済学には相応しい思考に見えた。その思考が『一般理論』に結晶しているとすれば、〝セテリスパリブス〟を前提にした古典派の経済理論は特殊であり、一般的には妥当しないというケインズの主張も得心できる。

序章でも述べた通り、ケインズは**現実的な妥当性を理論に求めたからこそ実例を提示して、理論を一般化したのである**。ケインズの後継者が引き継ぐべきは、こうしたケインズの経済学的思考（フィロソフィー）であり、ケインズが『一般理論』のなかで示した政策手段（マシン）でないことは、序章でも紹介したスキデルスキーの指摘通りである。

『一般理論』はケインズが生きた時代においては新しい経済学だったが、公刊から八〇年近くを経た現在においては良い意味でも悪い意味でも古い経済学である。どんなに優れた思想でも時を経れば、現在の問題に適用するのが〝危険〟になることは、ケインズ自身が『一般理論』の最後の箇所で述べたことである。

先に進みたいのは山々だが、ここで一度立ち止まり、ケインズが『一般理論』で示した

〝当時の新しい経済学〟の内容を読み解き、その慧眼と限界について次に考えてみることにしたい。

古典派の雇用理論には存在しない非自発的失業

『一般理論』の内容をわかりやすく解説しようとすれば、多様で複雑な現実をありのままに理解しようとしたケインズの思考が失われてしまう。たとえば、古典派の雇用理論には存在しない非自発的失業が、現実には存在すると説いたケインズの雇用理論は、経済学のテキストでは次のように解説されている（以下の説明は特定のテキストからの引用ではなく、私がこれまで見てきたテキストを参考にしてテキスト風に再現したものであることをお断りしておく）。

「失業とは労働の需要を上回る労働の供給であり、賃金が弾力的なら失業が存在するときには賃金が下落する。しかし、労働力の価格である賃金は、他の財貨のように弾力的ではなくむしろ固定的なため、供給が需要を上回ってもすぐには下落しない傾向がある。このため、労働市場においては現行の賃金で働く意欲と能力がありながら失業を強いられる人が存在することになる。こうした失業を、次の職場への移動などに伴い一時的に発生する摩擦的失業や、賃金が低すぎるので働くことを拒否する自発的失業と区別して、ケインズは「非自発的失業」と定義した（第一章図1参照）」

わかりやすい説明に見えるが、この説明では賃金さえ自由に変化すれば非自発的失業の問題は解決されるといった誤解を招いてしまう。[*7] 実際、労働組合の交渉力を弱め賃金を弾力的に引き下げることができれば雇用機会が増え、失業も減るといった議論は今日においても健在である。しかし、テキストの説明とは異なり、ケインズは非自発的失業、正確には人びとが非自発的失業の状態にあることを、『一般理論』で次のように定義している。

賃金財価格が貨幣賃金に比べて相対的にわずかばかり上昇したとき、この貨幣賃金と引き換えに働こうとする総労働供給とその賃金の下での総労働需要とが、ともに現在の雇用量よりも大きいなら、そのとき人々は非自発的失業の状態にある。[*8]

引用にある「賃金財価格」とは耳慣れない言葉だが、『一般理論』では「賃金財とは貨幣賃金の効用がその価格に依存している諸財を指す言葉で、ピグー教授〔ケインズの恩師マーシャルの後継者〕の用いた便利な用語」と解説されている。簡単に言えば、賃金で購入する日常生活に必要な財貨の価格、現在の用語で言えば消費者物価指数に相当すると考えられる。

テキストで非自発的失業とは何かを学んだ人は、あらためてケインズの定義に触れると理解が深まるよりもむしろ混乱するのではないか。ケインズが『一般理論』で試みたのは、古典派の二つの公準（公準の解説は第一章を参照）が成立する場合には存在しないはずの非自発的失業が、現実に存在するとしたらそれはどのような状態かを、経済学の概念を使って正確に定義することだった。

古典派の第一公準にしたがえば、貨幣賃金よりも一般物価（賃金財価格）の上昇率が高いときには実質賃金が低下し、労働の需要量は増える。また、第二公準によれば供給量は減る。それにもかかわらず実質賃金が低下しても、ひき続き失業が存在するときに「人々は非自発的失業の状態にある」とケインズは定義したのである。

ケインズは企業と労働組合の賃金交渉では、労働の需給が一致する水準まで、実質賃金を引き下げることはできないと指摘した。なぜなら、個別の労働組合は貨幣賃金の引き下げに全力で抵抗するし、仮に貨幣賃金の引き下げを労働組合が受け入れても、賃金が減り消費支出が減れば物価も下落するため、実質賃金が下がるという保証はないからだ。また、一般物価が上昇すれば実質賃金も低下するが、そもそも企業と労働組合の交渉によって一般物価を上げたり下げたりできないことは、古典派vs.ケインズ以前の経済学の常識である。

企業と労働組合の自発的な交渉で実質賃金を下げることができなければ、労働市場に現れる非自発的失業は労使の交渉だけでは解決できないことになる。したがって非自発的失業を解決するためには、**労使の交渉ではなく、マクロ的な政策による経済全体の需要増加が必要になる**とケインズは『一般理論』で提言したのである。[*9]

それでは経済全体の需要を増加するために、ケインズは具体的にどのような政策を提言したのだろうか。それがテキストに登場するＩＳ－ＬＭ分析である。

ＩＳ曲線とＬＭ曲線

経済学のテキストでは、**ＩＳ曲線**と**ＬＭ曲線**が一つの図のなかに描かれ、二つの曲線が交わる点で、財市場と金融市場の二つの市場で均衡が同時に成立する、利子率と所得（生産量）の組み合せが決まると説明されている（図7参照）。

ＩＳ曲線とは、経済全体の貯蓄と投資（財市場における需給）が均衡（一致）する利子率と所得（生産量）の関係を示すものであり、両者の関係が**図7**で右下がりになっているのはまず、利子率が低下すると投資は増えるが、それに見合って貯蓄が増えるためには所得の増加が必要になるからである。そして逆に、利子率が上がれば投資は減り、それに合わせて貯蓄と所得が減るからである。

他方、ＬＭ曲線とは、貨幣の需要と供給（金融市場における需給）が均衡する利子率と所得（生産量）の関係を示すものであり、**図7**において右上がりになっているのは、貨幣供給量を一定としたとき、利子率が上昇すると、債券価格が下落することを期待して貨幣を退蔵していた人は、債券を購入し貨幣を手放すので、手放された貨幣を吸収するためには、所得の増加による取引目的の貨幣需要を増やす必要が生じるからである。両者が交わる点では二つの市場が同時に均衡しており、**市場に任せておくかぎり利子率も所得も均衡点からは動かず、均**

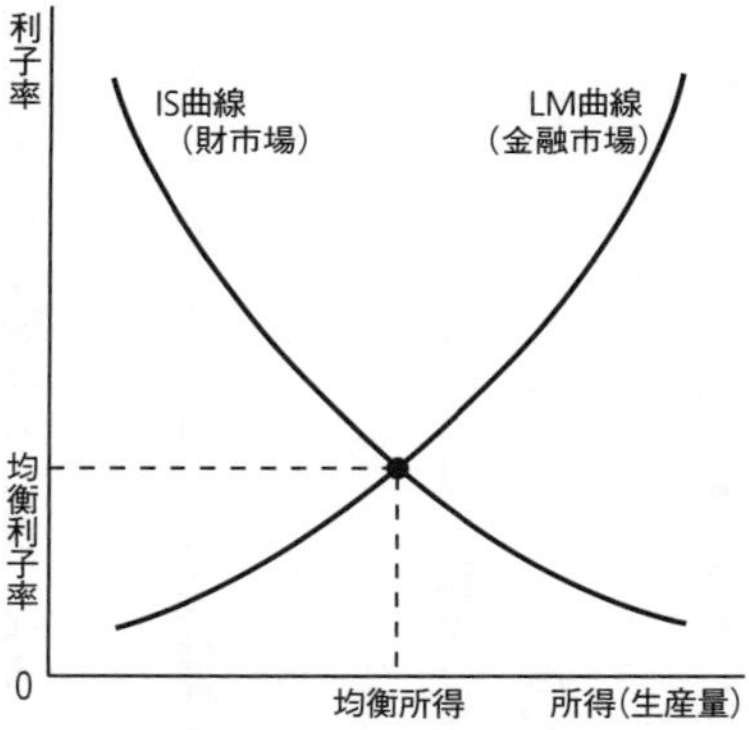

図7　IS曲線とLM曲線

衡点に止まり続けることになる。

マネーを増やせば本当に利子率は低下するのか

テキストで取り上げられるケースは、ＩＳ曲線とＬＭ曲線の交点における均衡所得（生産量）の水準で非自発的失業が存在しているときにどうすればよいかという問題である。

テキストでは、市場の調整に任せても、均衡所得（生産量）は均衡点に止まり続け、自律的には増加しないので、金融政策によってＬＭ曲線を右にシフトさせるか、財政政策によってＩＳ曲線を右にシフトさせるか、あるいは両方の組み合わせによって消費と投資から構成される有効需要を増やし、均衡所得（生産量）を増やして、雇用量を増やすことが正解だとされている。[*10]

そこでまず、金融政策によるＬＭ曲線のシフトについて解説すると、中央銀行が貨幣供給を増やすと、それまで均衡していた貨幣市場において供給量が需要量を上回るため、債券価格が上昇して利子率が低下し、貨幣の需給が一致するように均衡所得が増えることになる。[*11]

このとき、企業が新たな投資から得られると期待する収益の予想に変化がないと仮定す

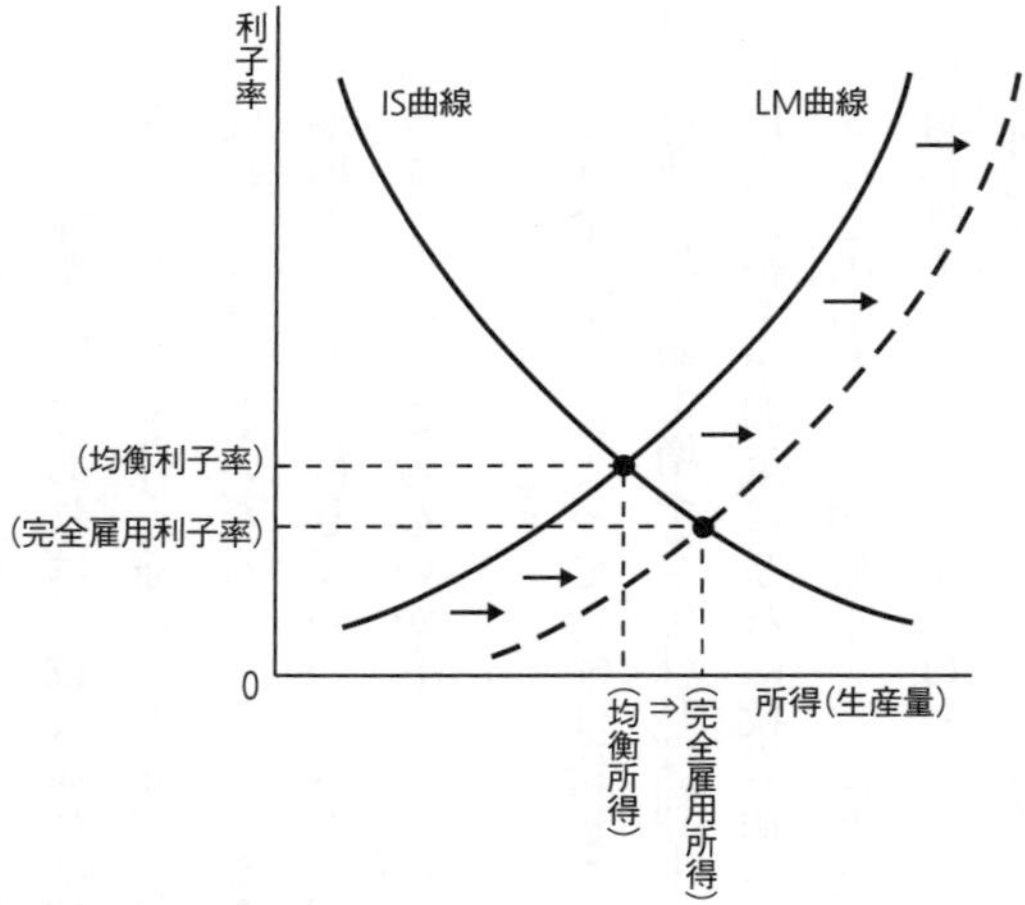

図8　金融政策の効果

れば、企業による新規の設備投資が増え、有効需要が増える結果として均衡所得が増え、経済全体の生産量や雇用量も増える。

これがテキストによるケインズの金融政策の効果である（図8参照）。しかし、『一般理論』では、貨幣供給量と利子率の関係について次のように書かれている。

貨幣量の増加は、他の条件が同じであれば、利子率を低下させると期待してよいが、大衆の流動性選好〔債券や株式よりも流動性の高い貨幣に対する需要〕が貨幣量の増加以上に増大しているならば、そのようなことは起こらないだろう。あるいは利子率の低下は、他の条件が同じであれば、投資額を増加させると期待してよいが、もしも資本の限界効率表が利子率よりも速やかに低下しているならば、そのようなこと〔投資額の増加〕は起こりはしないだろう。さらにまた、投資額の増加は他の条件が同じならば雇用を増加させると期待していいけれども、もし消費性向が低下しているとしたら、そのようなことは起こらないかもしれない。[*12]

つまり金融政策によって貨幣供給量を増やしても大衆が現金（貨幣）を積み増すばかりで、債券の購入額を増やさなければ利子率は低下しない。また仮に、利子率が低下しても、それ以上に企業が弱気になれば投資額は増えない。さらに、マクロ的には投資額が増えても、人びとの消費意欲が低下し、消費支出が増えない場合には全体の所得（雇用）が増えない可能性もあるとケインズは言う。

『一般理論』の記述に但し書きが多いのは、ケインズが政策の効果に自信を持てないからではなく、政策の効果は数学的な偏微分の符号、たとえば貨幣供給量が利子率に与える影響は**プラスかマイナスかで表せるほど単純ではないからだ**。また、所得が変化したときに消費支出がどの程度変化するかを、過去の統計から推計した消費性向（所得に占める消費支出の割合）で判断することもできないからである。

多様な要因がもたらす相互関係に配慮しながら、経済学の問題を思考すべきだと言うケインズにしたがえば、既述したセテリスパリブスの呪文だけではなく、過去のデータを基にすれば将来も予測できるという古典派の考え方（エルゴード性の公理）もまた、非現実的となる。

ケインズは『一般理論』で、完全雇用に到達するまでは貨幣量の増加によって有効需要と雇用量が増加するが、到達後は貨幣数量説が成立すると述べている。[*13] しかし、現実に起こることは完全雇用を境にして貨幣数量説が成立するか否かではないとも述べている。完全雇用に到達する前であっても、貨幣量の増加は有効需要や雇用量だけではなく、一部は物価水準の上昇をもたらす可能性があることを、ケインズは認めているからである。

そう考えると、非自発的失業が存在する不完全雇用の期間（不況期）はケインズ政策が有効だが、完全雇用に到達した後は古典派が復活するという新古典派総合、すなわち**ケインズと古典派の安易な「総合」はとんでもない的外れな議論だということが理解できる。**[*14]
言うまでもなくケインズの経済学は、古典派の理論を特殊なケースとして包摂する「一般理論」であり、古典派の理論が成立しないときの〝特殊なケース（不完全雇用）〟だけに適用されるような〝特殊な〟理論ではないのである。

穴を掘って埋める？――財政政策をめぐる誤解

テキストと『一般理論』の埋めがたい説明の溝《みぞ》は、LM曲線だけではなく、IS曲線についても言える。財政政策によって公共投資を増やすと、**直接の効果だけではなく乗数効果も生じる**とテキストでは解説されている。すなわち公共投資の増加によって雇用や所得が増え、その増えた雇用や所得が消費の増加を通して、さらなる雇用や所得の増加を生むという乗数効果によって、当初の増加を上回る有効需要の拡大を期待できるということである（図9参照）。

テキストでは公共投資の拡大に伴って貨幣供給量が増加しない場合には、生産量の拡大に伴う貨幣需要を賄《まかな》うために、債券を売って貨幣に換えようという動きが生じ、債券の価格が下がって利子率が上昇する副作用についても言及されている。

それでも、『一般理論』のなかに次のような記述があるため、ケインズが唱えた財政政策は、無駄の勧めだという批判がいまも後を絶たない。

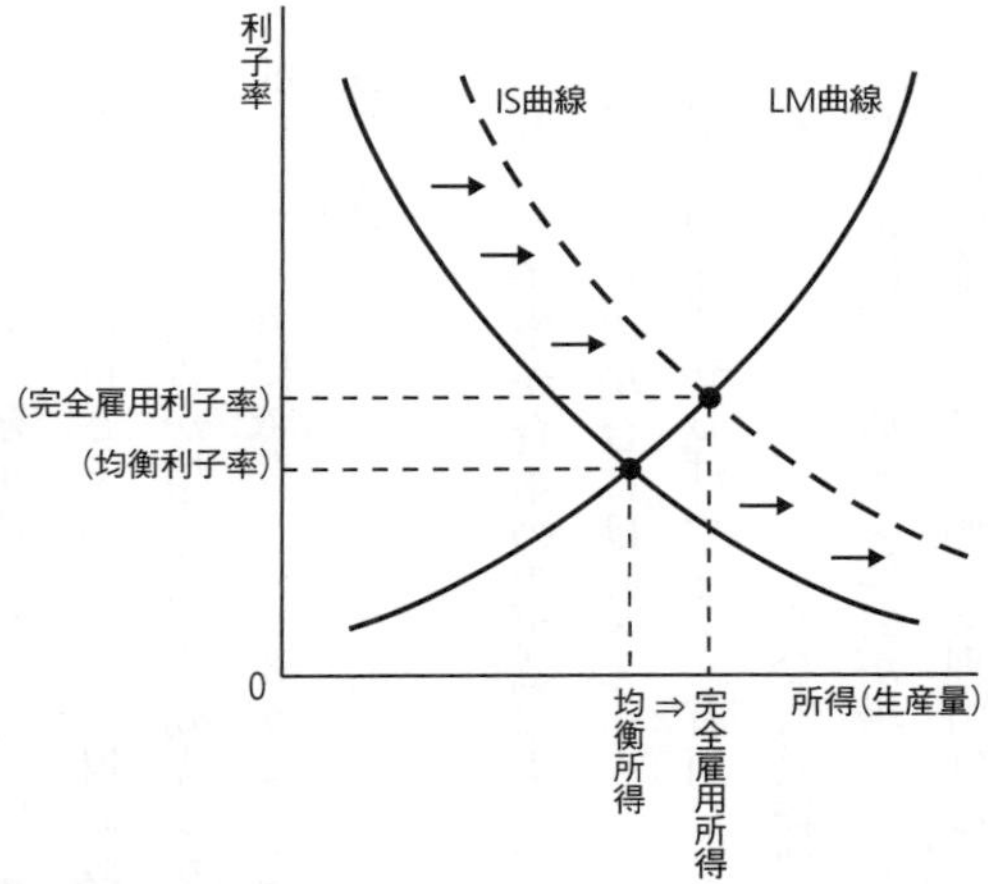

図9　財政政策の効果

大蔵省が古瓶に紙幣をいっぱい詰めて廃坑の適当な深さのところに埋め、その穴を町のごみ屑で地表まで塞いでおくとする。そして百戦錬磨の自由放任の原理にのっとる民間企業に紙幣をふたたび掘り起こさせるものとしよう。そうすればこれ以上の失業は起こらなくてすむし、またそのおかげで社会の実質所得と、そして資本という富は、いまよりかなり大きくなるだろう。もちろん、住宅を建設するほうが理にかなっている。しかし、上述したことは何もしないよりはましである。[*15]

ここでケインズを弁護するつもりはないが、上記の発言はあくまでも「何もしないよりは」という条件付きである。もし財政政策を講じる前に金融政策が奏功して、利子率が十分に低下し、投資が増えて、有効需要が増え、生産や雇用も増えるのであれば、あえて浪費的な公共投資に依存する必要がないとケインズが考えていたことは、次の引用からも明らかである。

もし利子率が資本の限界効率と歩調をそろえて低下することができないとしたら、〔……〕その場合には貯蓄を用いて「地中に穴を掘ること」にお金を費やすなら、雇用を増加させるばかりか、有用な財・サーヴィスからなる実質国民分配分も増加させるだろう。だが、ひとたび有効需要を左右する要因〔有効な金融政策〕をわがものとした日には、分別ある社会が場当たり的でしばしば浪費的でさえある地中に穴を掘るような政策に依存し続ける理由はない。[*16]

つまり、ケインズにとって〝**穴を掘って埋める**〟**のは金融政策の効果が十分に浸透しな**

いときの補完策に過ぎない。金融政策が効果を発揮して有効需要をコントロールできるようになれば、浪費的な公共投資を続ける必要はないとケインズは釘《くぎ》を刺しているのだ。

公共投資の乗数効果についても、財源となる国債の増発によって利子率が上昇し、民間投資が減少するクラウディングアウトが起こる場合には、期待通りの雇用を生まない恐れがあると、ケインズは次のように断っている。

政府が一〇万人を公共事業に追加雇用した場合、乗数が四であったとしても、総雇用が四〇万人増加するとは必ずしも言い切れない。なぜならこの新政策は他の方面〔利子率などの金融面〕において、投資に逆効果を及ぼすかもしれないからである。[*17]

労働者のほうが優れた「経済学者」

あらためて『一般理論』を読み直すならば、テキストの説明とは異なり、実に多くの留保条件が付されていることがわかる。しかし、何度も述べたように、それはケインズの衒学的な趣味から付されているのではない。一般的な理論を提示しようとすれば**将来の不確実性や、経済社会の反応および人間心理の不確定性を考慮に入れて分析せざるを得ないか**

らだ。その意味で『一般理論』をわかりやすい形でテキストに収めることには最初から無理がある。
ケインズが『一般理論』のなかで、古典派の予定調和的な理論を次のように批判しているのも、わかりやすい理論が逆に現実との距離を広げることを憂慮したからにほかならない。

〔古典派の理論は〕人々が経済はこのようにふるまって欲しいと願うそのあり方を体現している。だが現実もそうだと仮定するのは、われわれにはなんの困難もないと最初から決めてかかるも同然である。*18

ケインズは自由放任にするだけでは解決できない経済問題があることを繰り返し指摘する。その典型が非自発的失業であり、雇用の安定は当時のイギリスにとって喫緊《きっきん》の解決を必要とする問題だった。それにもかかわらず、労働力も一つの商品に過ぎないのだから、労働組合の抵抗さえ排除すれば、失業は市場で解決できると古典派は主張し続けたのである。

ケインズは古典派の第二公準を批判した『一般理論』の第二章で「労働者は、たとえみずからは意識しなくとも、生まれつき、古典派よりはずっと分別のある経済学者である」と述べ、貨幣賃金の引き下げに抵抗する労働者のほうが、古典派よりも現実を知っている「経済学者」だと述べた。

もちろん、ケインズも学問的なレベルで労働者のほうが古典派の経済学者よりも優れていると考えているわけではない。しかし、経済学とはどのような学問かを考えたとき、その現実的な判断において労働者のほうが優れているとケインズは言ったのである。ここにケインズのフィロソフィーが現れている。**経済学は何よりも現実的でなければならない**。そうでなければ、古典派の経済理論には存在しない非自発的失業という問題を、経済学の危機としてケインズが取り上げることはなかったのである。

第四章　なぜケインズは誤解されたのか？

——ケインズ革命とマネタリスト反革命

失業をめぐる「ケインズvs.古典派」再論

本章のテーマである「**マネタリストの反革命**」とケインズの雇用理論の間には看過できない関係がある。これまでの議論とも重複するが、あらためて論点を浮き彫りにするために非自発的失業の問題から議論を始めたい。

古典派は実質賃金さえ下がれば、労働需要は増え、労働供給は減ることから「現行賃金で働く意思がありながら働けない」失業は市場の価格調整によって解消されると考えた[*1]。古典派によれば、現行の賃金では働く意思がないという自発的な理由、あるいは次の職場への移動などで一時的に失業を余儀なくされている摩擦的な理由以外で失業が存在するなら、その原因は貨幣賃金の引き下げに対する労働組合の抵抗にある。

これに対し、ケインズは現実問題として労働組合が貨幣賃金の引き下げに応じることはむずかしく、たとえ一般物価の上昇で実質賃金が下がっても非自発的失業は解消されないと主張した。

ケインズは前章で紹介したように、貨幣賃金の引き下げか、もしくは一般物価の上昇かを問わず、**実質賃金が下がるだけでは解消できない失業を非自発的失業と定義したのである。**

曲解されたケインズの意図

ケインズは『一般理論』の第二一章「物価の理論」で、貨幣供給を増やして利子率を下げ、投資を増やして有効需要を増加し、生産量と雇用量を増やそうとしても、現実的な制約を考えると完全雇用に達する前に、貨幣供給の増加が物価上昇を引き起こすかもしれないことを懸念した。しかし、ケインズは**物価が上昇すれば失業は減るなどという主張は一切していない**。[*2]

それでも、一九六〇年代後半以降にアメリカの物価が上昇しインフレ悪化に陥ったのを機会にして、貨幣数量説の復活を目指すマネタリストが仕かけてきた「反革命」を結果的に成功へと導く誤解の〝種〟を、ケインズの経済学は胚胎《はいたい》していた。それは労働組合の抵抗によって貨幣賃金が下がらなくても、一般物価が上昇すれば失業は減るとケインズが主張したようにマネタリストが解釈できる〝余白〟が『一般理論』に残されていたからだ。

貨幣供給量を増やして、雇用量の増加を図れば、完全雇用に達する前に物価が上昇するのではないかというケインズの懸念を、イギリスのデータを使って検証したのが**フィリップス曲線**（図10）である。図に見られるように、賃金上昇率と失業率の間には歴史的に見て

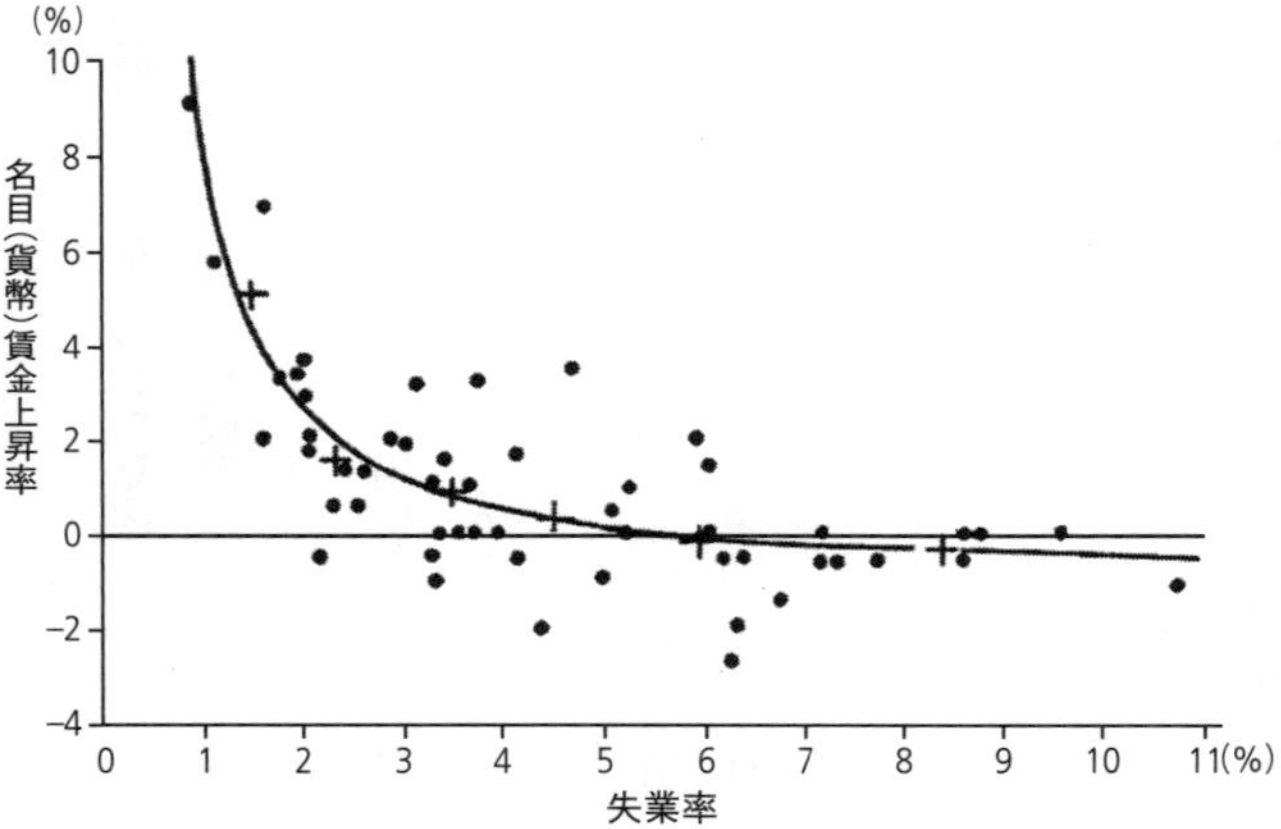

図10　フィリップス曲線

(出所)Phillips, A. W.,"The Relation Between Unemployment and the Rate of Change of Money Wage Rates in the United Kingdom, 1861–1957." *Economica*, November, 1958, pp. 283–299.
(注)1861年から1913年のデータをベースに名目(貨幣)賃金上昇率と失業率の関係を算出。

負の相関がある。この相関こそケインズの意図に反して、マネタリストの反革命に利用された誤解の〝種〟にほかならない。

たしかに、ケインズは一般物価の上昇によって生計費が上昇するたびに、労働組合がストライキを起こそうとするなど夢にも思っていないと『一般理論』で述べた。[*3] しかし、中央銀行が貨幣供給を増やして物価を上げれば労働組合の抵抗を受けずに実質賃金を下げて失業を減らせるとは決して言わなかった。失業を減らすためにインフレを勧めたというマネタリストのケインズ批判は、その意味で**「反革命」のための意図的な解釈**以外の何ものでもない。

そもそもケインズは『貨幣論』で、物価安定のために中央銀行ができることは、市場における債券や証券の売買（公開市場操作）を通した利子率の調整に過ぎず、貨幣供給量の変化によって物価をコントロールすることはできないと述べて古典派の貨幣数量説を批判した。その見方は『一般理論』においても変わっていない。[*4] つまり、中央銀行の金融政策では物価をコントロールできないと言うケインズが、雇用対策として金融緩和によるインフレ策を説くこと自体、あり得ない話なのである。

ケインジアンまで誤解する非自発的失業の真因

ケインズが『一般理論』で、「実質賃金は経済体系のほかの諸力によって決定される」と言ったときの「ほかの」とは、貨幣賃金の水準をめぐる〝労働組合と企業の交渉以外の〟という意味であり、「諸力（forces of the economic system）」とは労働市場以外の貨幣市場や財市場で決まる利子率や経済全体の生産量、およびその決定に影響を与える人間の心理、さらには中央銀行や政府による各種の政策、などのことである。

これに対し、古典派もマネタリストも、貨幣供給量と物価の間には比例的な関係があり、また労働の需給は実質賃金によって決まると見なした。だから、古典派は貨幣賃金の引き下げに応じない労働組合に失業の原因を求め、マネタリストは金融緩和によって物価を上げれば失業率は減るとケインズが説いたと意図的に〝解釈〟したのである。

なお古典派やマネタリスト以外にも、非自発的な失業の原因を賃金が下がりにくいことに求める学者は、「ニューケインジアン」と呼ばれる人たちのなかにも少なくない。ニューケインジアンとは、ケインズ支持の経済学者グループである。彼らは、労働力の価格である賃金にはほかの財のように時々の需給を反映して弾力的には変化しない傾向があること、とくに下落に対しては労働組合の抵抗だけではなく制度的にも下がりにくいことに経済合理的な理由を見出そうとする。

ニューケインジアンと古典派やマネタリストの違いは、貨幣賃金が下がりにくいことに経済合理的な理由を認めるか否かにあり、非自発的失業の主因を、実質賃金の高止まりに求める点では両者の間に相違は見られない。[*5]

しかし、ケインズが『一般理論』で示した非自発的失業の主因は、これまでも述べてきたように、あくまでも**経済全体の需要不足**にある。賃金が下がりにくいことに経済合理的な理由があるか否かにかかわらず、ケインズは実質賃金の高止まりが非自発的失業の原因だと主張したことはないのである。

実質賃金が下がれば労働需要が増えるというのは、実質賃金が下がっても経済全体の需要は変化しないという〝セテリスパリブス〟の世界の話である。現実には物価が変わらずに賃金が下がったり、賃金が変わらずに物価が上がったりすれば、人びとの財布の紐《ひも》は固くなり、モノが売れずに需要は減少するとケインズは考えた。したがって、物価上昇によって実質賃金が下がれば労働需要は増え、増えた雇用量によって生産された財はセイの法則にしたがって自らの需要を生み、売り切れてしまうなどとケインズが言うはずはないのである。

ケインズと古典派の違いは失業の定義よりも、むしろ労働市場の位置づけにある。古典派は企業と労働組合が賃金の水準をめぐって交渉する労働市場において、雇用の需要と供給が一致するように均衡賃金が決まると考えた。これに対しケインズは、経済全体の生産量と需要量が向き合う**財市場において**実質賃金は決まると喝破《かっぱ》し、需要が増えなければ雇用の改善もあり得ないと主張した。

それにもかかわらず、なぜ一九七〇年代に入ると、古典派と大差のないマネタリストの理論が、ケインズの経済学に代わって脚光を浴びるようになったのか、また、なぜ一九八〇年代に入ると、マネタリストの〝小さな政府〟というイデオロギーだけを引き継いだ「新自由主義」が、ケインズの経済学を〝大きな政府〟というイデオロギーにでっちあげ、ケインズに代わって政策の表舞台に立つことに成功したのか。

節をあらためて、ケインズの経済学が陥った危機と悲劇に焦点を当て議論を進めることにしたい。

三〇年後に的中した予言

ケインズよりも早い段階で『一般理論』とほぼ同じ結論に至りながら、ポーランド語で論文を著していたために注目されるのが遅れ、ケインズの後塵《こうじん》を拝したポーランドの経済学者カレツキーの業績を、前出のジョーン・ロビンソンはある意味でケインズよりも高く評価していた。それは、ケインズの経済学による雇用政策が奏功し、完全雇用に近い状態が実現されるようになると何が起こるかについて、カレツキーはケインズよりずっと悲観的に[*6]、しかしずっと現実的に展望していたからだ[*7]。

ケインズはすでに述べたように『一般理論』で、金融政策や財政政策が奏功して完全雇用に近い状態が実現されると、物価が徐々に上昇する恐れがあると懸念を表明し[*8]、自らの雇用政策が成功するに伴いインフレ率が高まる可能性を示唆していた。

これに対し、カレツキーは、失業者が非常に少なくなると、工場における規律が乱れ、物価が騰貴《とうき》することを、ケインズに言われるまでもなく「実業家たち」は知っていると指摘したうえで、次のように述べたという。[*9]

このような〔完全雇用に近い〕状態においては、大企業と金利生活者の間に強力な反対声明が形成されそうである。そして、たぶん彼らは、このような〔インフレを伴う完全雇用に近い〕状態は明らかに健全ではないと主張する経済学者を一人ならず捜し出すでしょう。これらすべての勢力、特に大企業からの圧力によって、たぶん政府は財政赤字を削減する正統的な政策に復帰させられるであろう。〔その結果〕不況が引き起こされるであろう。[*10]

一九四三年になされたカレツキーの予言は三〇年近くを経て、マネタリストの反革命という形で出現した。

マネタリストの反革命がアメリカを起点にして理論と政策の両面で急速に影響力を高め

るなかで、ジョーン・ロビンソンは「経済学の第2の危機」で、完全雇用の副産物として生じるインフレを諸悪の根源に見立て、一〜二%に収まっていた失業率がインフレを抑えるために三%に上がったとしても「わずか」だと嘯《うそぶ》き、局地的には一〇%を超える「激しい」失業率さえも容認するイギリス大蔵省の見解に強い危機感を示した。彼女はそれと同時に、古典派の貨幣論が復活しつつあることに懸念を表し、次のように語った。長いが重要な内容を含んでいるので引用しておく。

〔貨幣賃金の水準はある意味で歴史的産物だという〕考えは、均衡や市場の合理性という概念にとってあまりに致命的な打撃でありましたから、いかなる理論でも、たとえ一連の呪文以外の何ものでもない理論〔マネタリストの反革命で復活しつつある貨幣数量説〕でも、まだましだということだったのです。／〔失業率の低下によって貨幣賃金が上昇しインフレを引き起こしているという〕問題は、英国では、物価を安定的に保つために十分な失業を維持することが望ましいという、新しい大蔵省見解によって処理されました。この政策を受け入れやすくするために、〔雇用の安定には〕「わずかな」失業量、たとえば3%で十分であろうということが論じられなければならなかったのです。

〔……〕いまや突然に、〔『一般理論』で示された〕ケインズの残りの半分〔完全雇用に近い状態が連続的に維持されるとインフレーションへの防ぎようのない圧力が生じるという議論〕が受け入れられようとしています。[*11]

ロビンソンが憂慮した、**インフレ抑制のためには自然失業率という名の相対的に高い失業率の容認も憚《はばか》らない**イギリス大蔵省の見解は、ケインズが解決したはずの「経済学の第1の危機」の要素、つまり自由放任では完全雇用を達成できないことから生じている危機でもあった。それは、ケインズが第1の危機を解決するに際して、**インフレーションを伴わずに完全雇用に近い状態を維持するという問題への解答**[*12]**を用意できなかったこと**と深く関係しているからである。

起こるべくして起こった反革命

経済政策・厚生経済学が専門の熊谷尚夫は、『一般理論』公刊三〇年にあたる特集のなかで、

『貨幣改革論』（1923年）から『貨幣論』（1930年）を経由して『一般理論』（1936年）にいたるケインズの経済思想の基本線は、資本主義体制が露呈したもっとも明白な欠陥――景気変動にともなう物価および雇用の不安定をいかにして克服することができるかという、ただ一つの政策問題をめぐって展開されているとみることができる。*13

と述べたうえで、当時露呈しつつあった〝ケインズの限界〟を次のように指摘する。

〔ケインズ経済学の問題の一つは〕完全雇用をたてまえとする「混合経済」において、物価安定をいかにして確保するかということである。〔……〕完全雇用政策の定着を背景にして、貨幣賃金水準や支持価格が年々オートノマス〔自動的〕に引き上げられ、また大企業における物的生産性のいちじるしい向上にもかかわらず、管理価格は容易に引き下げられないということになると、〔ハイパーインフレーションのように物価上昇率が突然大幅に高まるわけではないが、じわじわと〕物価水準が年々着実に上昇していくという形でのクリーピング・インフレーションの脅威が避けられなくなる。〔……〕

雇用水準の低下をふせぐという方向での安定政策の課題はケインズによってみごとに解決されたわけであるが、完全雇用成長と物価安定とを両立させるための効果的な方策を案出することは、なお今後の課題としてのこされているのである。*14

要するにケインズが残した課題が解決される前に、一九七〇年前後のアメリカでは物価水準が徐々に上昇し、「完全雇用成長と物価安定とを両立させるための効果的な方策」が案出されないままにカレツキーの予言が的中してしまった。つまり、インフレを伴う完全雇用は健全でないと主張するマネタリストが、大企業や金利生活者によって捜し出され、雇用よりも、むしろ失業を創り出す政策が実施されるようになったのである。その意味でマネタリストの反革命は起こるべくして起こったとも言える。

マネタリストの反革命には、ケインズの『貨幣論』によって批判された**古典派の貨幣数量説の復活**という意味が込められており、むしろ「反革命」という言葉をマネタリストは自らの主張を正当化するために好んで使ったという。*15

本書で繰り返し指摘してきたように、ケインズは現実の経済に及ぼす貨幣の影響を積極的に認め、経済政策における貨幣管理の重要性を説いたのであり、その有効性や妥当性を否定したことはない。前出の熊谷も指摘したように、ケインズの経済学はマクロ的な安定政策において本領を発揮したのであり、『一般理論』で雇用の安定を取り上げる前は、物価の安定に焦点を当てケインズは『貨幣改革論』や『貨幣論』を著したのである。

アメリカのケインジアンの油断

ケインズは、インフレーションを伴わないで完全雇用に近い状態を維持する問題への解答を用意しなかったが、物価の安定を軽視したことはない。それにもかかわらず、ケインズの後継者であるアメリカのケインジアンと、マネタリストの経済政策に関して、

ケインジアンは、実物経済は極めて不安定であり、〔しかも〕貨幣の管理は実物経済に対してほとんど何の妥当性もコントロール〔する能力〕も持っていないと主張します。この反面、マネタリストは、実物経済は本質的にかなり安定しているが、貨幣の動向によって不安定にもなりうるので、賢明な政策で貨幣を管理しなければならないと考えます。[*16]

という紋切り型の解説が、一九六〇年代後半のアメリカで受け入れられたのは、アメリカのケインジアンがケネディおよびジョンソン政権時代に、〝ニュー・エコノミクス〟と称して雇用や福祉のためには赤字も辞さずに財政支出を拡大する一方、インフレーションの問題に対しては効果のある政策を提言しなかったからである。[*17]

一九六〇年代後半からアメリカで進行し始めていたインフレーションは、国内の物価上昇に止まらず、アメリカ製品の相対的な価格上昇を通して構造的な貿易収支の赤字にまで発展し、雇用や福祉を理由にするだけでは看過できないほどアメリカ経済に深刻な影響を与え始めていた。

アメリカのケインジアンはケインズの経済学のなかでも有効需要政策を高く評価した。とくに、財政支出が乗数効果を通して生産を誘発し雇用を増やす効果を、大規模な計量モデルを使って計算し、その結果を現実の政策に反映させることにきわめて熱心だった。その一方で、インフレーションなどは雇用政策の副作用に過ぎず、インフレーションがアメリカ経済の基盤まで揺るがすことはないと〝油断〟したのである。

しかも、アメリカにおけるインフレの弊害は、ドルがキーカレンシー（基軸通貨）だったことから、必要以上に看過された可能性がある。ほかの国では国内のインフレによって割安となった輸入が増えて貿易収支が赤字になれば、外貨の流出を防ぐために金融と財政の両面から需要を抑制して、物価の安定を図るのが経済運営の常識だった。[*18] これに対し、アメリカの場合は貿易収支が赤字になっても、輸入先への支払いを自国の通貨であるドルの増発で賄えるため、インフレへの対応が後手に回るという〝油断〟が潜んでいたのである。

そうしたアメリカのケインジアンによる〝油断〟の顚末こそ、一九七一年八月のニクソン・ショック[*19]であり、マネタリストの反革命だった。

アメリカのケインジアンがケインズのフィロソフィーよりもケインズのマシンを引き継いだというスキデルスキーの指摘はすでに何度も紹介してきた。その意味するところは、前出の熊谷が記した、経済学に対するケインズの態度を参照すると一層明確になる。熊谷は次のように言う。

巨視的〔マクロ〕経済学の基礎をきずいた『一般理論』の独創的な理論構成はむろんのこと、そこにいたる過程での『貨幣論』の基本方程式をみればわかるように、ケインズが経済分析のためのトゥール・メーカーとしてもすぐれた能力をそなえていたことはいうまでもない。けれども、ケインズにとっては、経済理論はあくまでも道具であって自己目的ではなく、時事的緊要問題に対する彼の立場を客観的に基礎づけ、議論を明晰にし、それに説得力をもたせるための手段であった。[*20]

なお、引用文中にある「トゥール」とは、「消費性向」「流動性選好」など、ケインズが『一般理論』における経済分析のために創った新しい概念のことである。ケインズは、こうしたトゥールを作り出すことがとても得意だった。

すでに述べた通り、ケインズの後継者は、ケインズが『一般理論』で展開した政策（マシン）ではなく、経済学とは何かに対するケインズの思考（フィロソフィー）を引き継ぐべきだった。ケインズにとって経済理論とは現実の経済が直面する危機を洞察したうえで、その危機を解決する有効な政策に客観的な裏づけを与え、その政策の実施について説得力を持たせるための手段に過ぎなかった。その意味で純粋な理論としての精緻さを磨くことは必ずしもケインズの経済学における目的ではなかったのである。

〝理論の埒外〟という禁じ手

そう考えると、マネタリストの反革命がアメリカを中心に成功したのは、きわめて自然の成り行きのように見える。実際、一九六〇年代後半のアメリカが直面していたインフレの危機を、マネタリストはアメリカのケインジアンよりも正確に洞察しており、その危機を解決するための政策も提言した。

マネタリストは以下で説明するように、**古典派の貨幣数量説を単純に復活させるのではなく、巧妙に修正したうえで復活を図った**。その要点は、貨幣量の変化は物価の変化だけではなく生産量の変化も引き起こすとしたうえで、物価と生産量のそれぞれにどのような影響を及ぼすかは現実の経済を見て判断する問題であり、貨幣量の変化が及ぼす影響は**理論の埒外《らちがい》とした点**にある。[*21]

理論は頭で組み立てるものか、それとも現実に合わせて組み立てるものかは別にしても、経済学の使命は理論でいかに現実を説明するかにある。貨幣量の変化によって何が起こるかは理論の埒外であり、現実を見て判断すればよいというマネタリストの主張は、経済学における理論の役割を否定する禁じ手にほかならない。これに対し、国際経済学者のハリー・ジョンソンは、マネタリストが理論の埒外とした点をむしろ評価し、これによって、ケインズに批判された貨幣数量説が貨幣需要の理論として復活することができたと言う。なぜなら、保有する富のうちどの程度を貨幣の形で保有するかという問題に関するかぎり、貨幣の供給は必然的に自らの〔貨幣〕需要を生むからである。*22

ただし、前述したように、貨幣量の変化が物価と生産量にどのような影響を与えるのかは〝理論の埒外〟、すなわち貨幣理論によって明らかになる問題ではないと逃げることにより、マネタリストは、ケインズが古典派の貨幣数量説に向けた、貨幣量と物価の間の比例的な関係に対する批判を巧妙に躱《かわ》すことに成功したのである。

マネタリストの想定外はケインズの想定内

ケインズの経済学では貨幣需要は所得（＝生産量）と利子率で決まり、貨幣供給と貨幣需要が一致するように所得と利子率が決まるとされる。ここで貨幣供給が増えると、流動性選好すなわち貨幣を手元に置いておきたいという選好（気持ち）の強さが一定とすれば、利子率が低下して、投資が増え、有効需要が増えて、所得が増える結果として取引目的の貨幣需要が増え、貨幣供給との均衡が図られることになる。

有効需要の変化によって物価と生産がどのように変化するかは、生産や雇用をめぐるさまざまな条件によって異なるが、一般には完全雇用に近づくにしたがい生産量よりも物価の上昇を引き起こす傾向があるというのが『一般理論』におけるケインズの見方であり、理論である。

このとき一般物価に影響を与える名目(貨幣)賃金の上昇率と失業率の関係を歴史的に検証したのが、前述したフィリップス曲線である。つまりケインズの経済学では、貨幣量の変化は利子率の変化を通して投資に影響を与え有効需要の変化を引き起こす。貨幣量が変化しても有効需要が変化しなければ物価にも生産にも影響が及ばない。すなわち、有効需要さえコントロールすれば、貨幣供給がどのように変化しても物価に対する影響は回避できることになる。

アメリカのケインジアンが財政支出を引き締めて有効需要さえ抑制すればインフレも抑えることができると考え、〝油断〟した理由もここにある。

しかし実際には財政支出を削減して有効需要を抑えても、賃金や輸入資源の価格が高騰し、そのコスト上昇分を企業が製品価格に転嫁し、価格上昇後の取引額に見合った貨幣需要が貨幣供給によって賄われるなら、有効需要が増えなくても物価は上昇することになる。たとえば、石油の価格上昇によって一般物価が上昇すれば、有効需要の増加により生産量が増加しなくても貨幣需要は増え、それに見合って中央銀行が貨幣供給を増加すれば、一般物価は上昇することになる。

こうしたコストの上昇が引き起こすインフレ、すなわちコストプッシュ・インフレを抑えるためには貨幣供給を抑制し、物価上昇による貨幣需要の増加を抑える必要があると主張したのは、マネタリストである。だが、貨幣供給を抑えれば本当にインフレが収まるか否かは〝理論の埒外〟であり、現実を見なければわからないと言ってマネタリストは逃げることもできるのである。

実際、貨幣供給量を減らしても、それ以上に生産量が減れば、逆に物価は上昇することもある。これこそ「**スタグフレーション**」すなわち不況のスタグネーションと物価上昇のインフレーションが同時に起こるケースである。

また貨幣量を減らしても、物価が上がる前に物を買っておこうと多くの人びとが考えたとすれば、貨幣は目まぐるしい速さで人びとの間を渡り歩き、物価は上昇する。逆に、インフレではなくデフレ対策として貨幣供給量を増やしても、物価が下がると予想して買い控えが生じれば、貨幣は人びとの手もとに退蔵され、物価も生産量も増えない可能性がある。

要するに、マネタリストによれば、貨幣供給量が変化したときに物価と生産量がそれぞれどのように変化するかは、既述した通り〝理論の埒外〟であり、現実を見なければわからないという。

これに対し貨幣量を抑制したら、なぜ物価が下落するかは、ケインジアンにとっては理論の〝埒内〟である。それは、ケインズの経済学によれば貨幣量が減少すると流動性選好が一定なら利子率が上昇し、利子率が上昇すると投資が減って有効需要が減り、それが生産の減少か物価の下落、あるいは両方をもたらすからである。

オイルショックが反革命を後押しした

しかし、歴史は皮肉である。アメリカのケインジアンの政策では抑制できなかったインフレに続いて、アメリカをはじめとする先進諸国を襲ったのは、ケインズの経済学でも説明できないスタグフレーションだったからだ。

有効需要の変化が生産量と物価の変化に影響を与えるというケインズの経済学では、生産と物価が相反する方向に変化する事態は有効需要の変化では説明できない〝想定外〟の現象である。一方、貨幣量の変化が生産や物価に及ぼす影響は〝理論の埒外〟と言うマネタリストにとっては、生産と物価が同じ方向に変化する必然性はどこにもない。だから、スタグフレーションが生じてもマネタリストにとっては〝想定内〟となる。

歴史にイフはないが、もしケインジアンとマネタリストの論争がニクソン・ショックを契機とした変動相場制の導入によって幕が引かれていれば、ハリー・ジョンソンが予言したように、マネタリストの反革命は一時的な成功で終わっていたかもしれない。しかし、一九七三年の第一次石油危機を主因とするスタグフレーションは、マネタリストの反革命を延命させる効果を持った。雇用と物価の安定を図るうえでケインジアンがよりどころとしてきたフィリップス曲線が、突如、マネタリストの手によってスタグフレーションの根因に仕立て上げられ、ケインズ政策失敗の象徴として喧伝《けんでん》されたからである。

フィリップス曲線自体は、経済が完全雇用に近づくと有効需要の増加が物価上昇をもたらすのではないかというケインズの懸念を歴史的に検証したグラフに過ぎない（図10参照）。これをマネタリストは前述した通り、インフレ率を高めれば失業率は低くできることを示したグラフだと〝曲解〟したのである。

この〝曲解〟によってマネタリストは、ケインズ政策が長期的に見ればいかにインフレ誘発的であり、本来安定しているはずの労働市場を攪乱《かくらん》してきたかを喧伝することに成功した。それと同時に、雇用安定と呼ぶにはほど遠い〝高い〟失業率を「自然失業率」と名付け、これよりも低い失業率を目指すケインズ政策はより高いインフレをもたらすだけであり、「百害あって一利なし」と断罪したのだ。まさにカレツキーが予言した通り、**インフレを伴う完全雇用に近い状態は明らかに健全ではないと主張する、経済学者が捜し出されたのである。**

それでもマネタリストの反革命はケインズの経済学を完全には〝殺さ〟なかった。長期的に見れば効果がないとケインズ政策を批判したが、短期的には不況対策として効果があることを認めていたからだ。しかし、マネタリストの反革命から一〇余年後に、イギリスのサッチャー政権、アメリカのレーガン政権、そして日本では中曽根政権の誕生を契機に登場した「新自由主義」は、最初からケインズを目の敵《かたき》にした。

マネタリストの反革命は、いろいろな弊害を伴いながらもケインジアンが解決できなかったインフレという経済の病を治すことに成功した。ところが、「新自由主義」は小さな政府を標榜《ひょうぼう》するだけで、経済の危機を解決するよりも、**むしろ経済の危機を世界中にまき散らした**。その顛末が二〇〇八年の国際金融危機である。

国際金融危機によってケインズが復活したのはいまから振り返れば一瞬だった。ギリシア発の財政危機がユーロ経由で国際的な財政危機へと発展するなかで、「新自由主義」がゾンビのように復活し始めている。次の第五章では「新自由主義」とケインズの関係について考えてみたい。

第五章　真に自由な社会とは何か？
――ハイエクのケインズ批判

「私のどこが新自由主義者なのか？」

小泉純一郎元首相の「改革なくして成長なし」の舵取《かじと》りをした竹中平蔵元総務相（現慶應義塾大学教授）は、「新自由主義か社会民主主義か」をテーマにした退任後の討論で、[*1]「私のどこが新自由主義者なのか」と言って、新自由主義のラベルを貼られることに強い抵抗を示した。

竹中とは対照的に〝新自由主義〟の元祖と言われるハイエクは、自ら積極的に新自由主義者と名乗り、そう呼ばれることに誇りを抱いていた。ハイエクは、一貫して真の個人主義と自由主義を重んじる観点から、能力に限界がある人間がコントロールする政府よりも、不完全ではあっても市場のほうが〝まし〟だと主張し続けた。

竹中にかぎらず、新自由主義のラベルを貼られることに抵抗する経済学者は、口を揃えて「私は市場が万能だとは思っていない」と言う。しかしハイエクは後で詳しく述べるように、**市場も人間も万能ではないが、それでも市場のほうが人間より〝まし〟**だと考えた。だから、政府の権力を利用した人間の裁量によって経済を規制するよりも、市場を通して可能なかぎり多くの人間が相互に知識を交換して、自由に行動するほうが望ましいと提言したのだ。

ハイエクは自らの経験を回顧して「私の理論では、政府で仕事をした経済学者はみんな、政府で仕事をする結果として堕落する。なぜなら経済学者ではなく、政治家になってしまうからだ」[*2]と語っている。その言葉がハイエクの思想を政治的に利用しようとした経済学者たちへの皮肉に聞こえるのは私だけではないはずだ。

そう考えると、一九八〇年前後を境にイギリスやアメリカから世界中に〝伝染〟した「新自由主義」（本書ではハイエクとの違いを示すために、一九八〇年以降新たに登場してきた、市場のほうが政府よりも優れていると先験的に主張する新自由主義（者）には括弧を付してきたが、以下も同じ）と呼ばれる経済政策のイデオロギーは、ハイエクの唱えた新自由主義とは似て非なるものだったことがわかる。ケインズを〝殺した〟と言われる「新自由主義」の正体を見抜くために、そして何より真の新自由主義者ハイエクの名誉のために、まずはハイエクの経済思想を解説することから始めることにしたい。

軍配はハイエクに挙がった

春秋社から新装出版されたハイエク全集（以下、本章では全集という）の『自由の条件Ⅰ』の解説で、訳者の一人古賀勝次郎はK・R・フーヴァー『イデオロギーとしての経済学』

を参照しながら、二〇世紀の思想史を以下のように要約する。

一九四〇年代末までが「H・ラスキの時代」で、社会主義が支配的な思想であった、五〇年から八〇年頃までが「J・M・ケインズの時代」であって、混合経済とその背後にある社会民主主義思想が支配していた、そしてそれ以後「ハイエクの時代」になった。*3

ハイエクは一八九九年にケインズより一六年遅く生まれた。六二歳で他界したケインズよりも三〇年長生きして一九九二年にフライブルグで息を引き取った。『一般理論』を新訳した間宮陽介は「思想の対決は、結局は長生きした思想家によって決着をつけられる」*4と言う。

間宮の意見にしたがうなら、マクロ的な集計量である総需要と経済全体の雇用量の関係に注目し、雇用対策として財政政策や金融政策の有効性を説いたケインズと、マクロ的な統計の間の数量関係は実態とは異なる虚構に過ぎず、理論的にも理念的にもケインズは誤っていると批判したハイエクとの対決が、ケインズの死後三〇年近くを経てハイエクに軍配が挙がったのは当然の帰結だったかもしれない。

また、二〇〇八年秋の国際金融危機後においても、成長率の低下や高齢化の進展の影響を受けて福祉国家が危機に陥っている現状を見ると、恣意《しい》的な所得分配の権力を政府に集中する福祉国家は、自由の条件に反し、全体主義に発展する危険も胚胎していると言って、**福祉国家を批判したハイエクの優勢は、現在も変わらないように見える。**

ハイエクはケインズをどう評価したのか

ハイエクはケインズの唱えた需要政策と、それを実践する政府を次のように批判している。

> 総需要を増大させることによって完全雇用を長続きさせることはできません。そういう需要刺激策はインフレを招きます。そしてその後は、インフレを加速化させなければ雇用を維持することができなくなってしまうのです。[*5]
>
> 〔また、政府は福祉国家を口実に〕人びとの生活の細部に立ち入って干渉し、指図し、人びとの自由を次から次へと奪い、官僚国家を推進し、政府による統制をいろんな分

野でいろんな形で増大させて、社会の活動力を衰退させてきました。[*6]

しかし、ハイエクは〝政府vs.市場〟とか〝計画vs.自由〟といった単純な対立軸を設定して政府や経済計画を批判し、市場や自由を支持したのではない。社会経済学者の松原隆一郎によれば、そうした通俗的な構図を基にしたハイエク評価はほとんど無意味である。[*7]実際、真の自由主義とは何かについての理念も語らずに、最初からケインズ政策は無効だと言い張る括弧つきの「新自由主義者」とは異なり、ハイエクは次のように語って短期的には失業が減ったように見えても、長期的にはより大きな失業を生む恐れのあった「昨今〔当時〕の流行」、すなわちケインズ政策を批判したのである。

自由主義的もしくは個人主義的な政策は、本質的に長期的な政策でなければならない。短期的な効果にのみ意をもちい、それを「長期的にはわれわれは皆死んでしまう」という議論によって正当化する昨今の流行〔総需要管理で完全雇用を目指すケインズ政策〕のゆえに、典型的な状況を対象にして作成された諸規則にではなく、当面の特定の事情にあわせてつくられた諸指令にわれわれは依存せざるをえないようになる。[*8]

ハイエクは一九三〇年代の大不況時において、ケインズが失業問題の放置による経済体制の崩壊を回避する視点から、インフレ的な需要政策を提言したことには一定の理解を示す一方、「特殊な状態に対する一つの解決策でしかなかったはずの自分の理論を、一般理論として主張したのは大きな誤りだった」[*9]と批判する。

反インフレ論者としてのケインズ

ただ、ケインズの死後も後継者によって引き継がれた「インフレ〔を引き起こすような需要〕政策には、彼〔ケインズ〕は決して賛成しなかっただろう」[*10]と言って、一般に流布しているケインズ像とは違う一面を、ハイエクは次のように紹介する。

驚かれるかもしれませんが、戦争〔第二次世界大戦〕の間私〔ハイエク〕は、ケインズの側に立ってケインズの批判者たちと闘いました。ケインズもインフレをひどく恐れていたからです。〔……〕戦時中には、もはやデフレではなくインフレが大きな脅威になっていたので、私たち二人は、インフレ反対に立ち上がったのです。[*11]

ハイエクは、さらに上記の引用と同じインタビューのなかで、第二次世界大戦が終わりケインズの死ぬ六週間前に交わした談話の内容を次のように再現する。

私〔ハイエク〕が、ロビンソン夫人〔ジョーン・ロビンソン〕とカーンが通貨政策について研究していたことに話を向けると、彼は噴《ふ》き出して言ったのです。「あの二人はただのバカだよ。一九三〇年代には私〔ケインズ〕の着想はひどく重要だったさ。インフレとたたかうという問題はなかったからね。しかしハイエク、任せておいてくれよ。私の着想はすでに時代遅れになった[*12]」

ケインズが自らの経済学を支えてくれた二人の弟子を「ただのバカだよ」となじったか否かは定かではない。ただ、戦後の激しいインフレを目の当たりにして、ケインズがインフレと闘おうとしたのは、ケインズのフィロソフィーから見れば自然な対応だった。むしろ留意すべきは、ケインズが闘った第二次世界大戦中とその直後のインフレと、ハイエクが批判したケインズ政策がもたらすというインフレとは、原因も、また影響もまったく異なる点だ。実際、ハイエクのケインズ評は、ハイエク自身が語る次の言葉に集約されているように見える。

私はケインズが好きだし、多くの点で彼を賞賛していますが、彼がよい経済学者だったとは思えないのです。[*13]

人為的政策の限界

ハイエクがケインズの雇用政策に異論を唱えた背景には、長期的にインフレを加速するという懸念だけではなく、**マクロ的な経済政策への不信**があった。なぜなら、マクロ的な集計量である失業率が低下しても、職種別など個々の市場における労働需給まで改善される保証はないからだ。実際、マクロ的な統計として現れる雇用は改善しても、個々の労働市場で需要の超過と不足が混在していれば、雇用政策を中断したとたんに需要の超過が消え、残された不足の影響で雇用統計は再び悪化に転じてしまう。

人間が得られる知識の量に限界があるかぎり、たとえ政府であっても個々の市場に細分化されている需給の実態を正確に把握したり、人びとの間に分散する情報を完全にとらえたりすることは不可能である。また、実態の把握や情報を完全に入手できないかぎり、政策が成功したかどうかも判断できない。

ハイエクはそうした人間の持つ**知識の限界**を次のように指摘する。

一人の人間の知識と関心には本来的な限界がある。〔……〕一人の人間は社会全体のほんの小さな一部分を知るだけでそれ以上のことはなしえない。〔……〕すなわち人間の精神が事実上理解できることのすべては、自分を中心とする狭い範囲の事柄である。[*14]

そうであれば、どんなに優秀な経済学の専門家が政策を企画・立案しても、その知識に限界があるかぎり個人の自由にとっては脅威になる。その脅威から逃れるために市場システムのような非人格的なメカニズムが必要だと、ハイエクは別の著書で次のように語る。

多くの分野において自由が脅かされている理由は、われわれがあまりにも気安く専門家に決定をまかせてしまったり、問題のわずかな一面だけしか詳しく知らないような専門家の意見をあまりにも無批判に受け入れてしまうからである。〔……〕経済学者はすべての他の専門家の努力を調整する資格があるほど特殊な知識を〔有していると〕主張することはできない。〔……〕いかなる人間知性であろうとも社会の運行を司る知識をすべて理解することはできない。したがって、個別の人為的な判断に依存せず個人の努力を調整する〔市場のような〕非人格的なメカニズムが必要だということである。[*15]

ハイエクが目指したのは、「一部の人が他の一部の人によって強制されることができるかぎり少ない人間の状態[*16]」であり、それは「すべての人々が、自分自身が持っている知識を、自分自身の目的のために使うことを許される[*17]」社会でもある。ハイエクの言う真の個人主義においては、法と秩序によって「人々がお互いの自由を侵害することから保護されている[*18]」ことが前提になる。

なお、ハイエクの「法」とは議会で定められた法ではなく、伝統や慣習に基づく自然法のことである。秩序も強制的な命令で行動を規制するルールではなく、人びとの自由な選択の結果として自然に生まれた自生的な秩序のことである。

ハイエクが市場を評価する一方で、政府や中央銀行による裁量的な政策を批判するのは、市場がハイエクの理想とする真の自由を実現する空間であるのに対し、**裁量的な政策は市場の可能性を阻む障害にほかならないから**である。

「完全競争」とは何か

ハイエクは全集I−3巻『個人主義と経済秩序』に収録されている一二本の論文を通して、標準的なミクロ経済学のテキストに登場する完全市場や完全競争の想定は、本来の市場で期待されている機能や競争の意味とは違うと言って次のように批判する。

通常の均衡分析においては、どのようにして均衡が達成されるか〔市場における需要と供給が価格の変化を通してどのように一致するか〕という問題は、あたかも解決済みのように提示されるのが普通である。しかしながらよく検討してみると、これらの外見上の論証はあらかじめ想定されているものを見せかけの上で証明すること以上のなにものでもない。〔……〕一般に採用される工夫は完全市場の想定であり、そこではどのような出来事もすべての成員〔需要者と供給者〕に瞬時的に知られることになっている。完全市場の想定は均衡が存在するということを他の一つの言い方で表現したものに過ぎないのであって、これではいつ、どのようにしてこの均衡状態が生じるかについての説明に幾分も近づくことにはならない。[19]

完全市場と同じ問題は完全競争にも存在する。ハイエクは、現実の競争のパフォーマンス（実績）を完全競争からどの程度乖離しているかによって評価するのは、むしろ有害だと主張する。なぜなら、完全競争の理論が論じていることは「競争」という名にほとんど値しないし、その理論から導出された結論は政策の指針としてほとんど役立たないからだという。[20]

競争とは、ハイエクが論文で引用している見解によれば「他人も同時に獲得しようと努力しているものを、獲得しようと努力する行為[21]」である。ところが、完全競争では競争に参加している企業が、いろいろと工夫して手に入れたいと考えている最適な生産技術や市場の価格情報などが、すべて既知であるという前提の下で競争が行われる。つまり、企業が市場での競争に勝ち残るために独自に工夫する余地は一切残されていないのである。[22]

ハイエクは、競争が完全であるかどうかについて案じるよりは、**そもそも競争があるの**

かどうかについて案じるべきだという。[*23] ハイエクにとっては、**多様な企業や個人の間で意見を形成する過程**こそが競争なのである。[*24]

「最適な生産技術とはどのような技術か？」「生産された商品をどこで誰がいくらで買いたいと言っているのか？」「求める商品をどこで誰がいくらで売りたいと言っているのか？」「買いたい商品や売りたい商品をいかに変えれば、消費者は効用を、企業は利潤を最大化できるか？」競争とはまさに、このような問いに答えを見出していく過程である。競争が、ハイエクの言う「意見形成の過程である」とは、このような意味にほかならない。

ハイエクは失業者に冷淡だった？

非自発的失業などの市場における機能不全を前にしても、ハイエクが政府による救済を否定したのは、彼が冷淡だったからではなく、**人びとから自由を奪う政府に頼るよりも、秩序が自生する市場経済を信じたから**である。ここに目前の問題の解決に全力を尽くし、即効性のある処方箋を政府に求めたケインズとの相違があった。

ハイエクの市場社会論は、戦後三〇年近くにわたってケインズ政策の前で沈黙を強いられたが、「七〇年代に入って福祉国家政策が行き詰まりを見せ、先進諸国が財政問題に苦しみ始めると〔……〕にぎにぎしく脚光を浴び、持て囃《はや》されるようになった」[*25]と前出の猪木武徳は指摘する。しかし、変わったのは間宮が言うように「時代であって、ハイエク当人ではない」[*26]。ハイエクの変わらぬ思想を、変わった側の時代が求めたのである。

　ハイエクは、先にも述べたように、誇りをもって自らを新自由主義者に任じていた。それは古い自由主義者のままでは、新しい変化に臆病な保守主義者と混同される危険があったからである。[*27]ハイエクは、どうなるのかを予想できない新しい変化を規制や保護で抑えるよりも、市場の調整に信頼を置くほうが新自由主義者の態度として相応しいと考えた。

　松原隆一郎が指摘したように、ハイエクは「政府vs.市場」といった二者択一の構図で、自らの経済理論を展開したのではない。**他人から強制されることなく、個人が自らの目的を実現するには、どのような秩序にしたがって行動すれば、社会に広く分散している知識や情報を効率よく利用し目的に近づくことができるかをひたすら問うた**のである。

新自由主義と「新自由主義」の違い

　ハイエクの議論を振り返るなら、小泉純一郎元首相の進めた改革を支持した経済学者が、「私は新自由主義者である」と名乗るほうが偽善のように見えてくる。レッテル貼りに抵抗を示した竹中平蔵は、その意味では正しかったと言える。
ハイエクは、政府よりも市場のほうが経済的に効率的だからという理由で、「民間にできることは民間に委ねればよい」とは言わなかった。また、規制や保護よりも「自由な市場にまかせるほうが高い成長を実現できるから競争は望ましい」とも言わなかった。上記の引用を繰り返すなら、こういうことである。いかなる人間知性であろうとも社会の運行を司《つかさど》る知識をすべて理解することはできない。だから、人間の裁量的な判断（政府）に依存しない自生的なルールに基づく、非人格的なメカニズム（市場）が必要だ。――これがハイエクの主張である。

また、すべての人がすべての情報を知っていることを前提とする完全競争は本来の競争ではないとハイエクが批判したのも、前記の議論を繰り返すなら、何が最適な生産技術であり、どのような価格が需要と供給を均衡（一致）させるかを誰も知らないから、それを見つけるために情報を普及させることが競争の意義だ。――これがハイエクの意見である。

これらのことは、私たちの経験からも理解できる。たとえば、一〇〇メートルを誰が一番速く走ることができるのか、実際に競走してみなければわからない。同じことは、どの企業の製品が一番売れるのか、どの企業の生産コストが一番低いのか、どの企業の技術が一番不良品の発生率が低いのか、についても言える。いずれも競争しなければわからないし、競争を通してこそどの企業が優れているのかという情報が普及するのである。

ハイエクの唱えた真の新自由主義と、偽りの「新自由主義」との間には大きな違いがある。「政府は非効率、民間は効率」というドグマ（独善）によって聖域なき財政支出の削減を図ったり、「自由な競争は望ましい」というドグマによって、市民の安全や安心を守ってきた規制や保護まで撤廃したり、あらゆる分野において自由化や民営化を進めたりすることに経済学的な根拠も、また社会的な正当性も一切存在しない。

なぜ「新自由主義」はケインズを敵視したのか

「新自由主義」が財政赤字の責めをケインズに課し、ケインズを大きな政府論者と呼んで「葬り去ろう」としたのは、『一般理論』の訳者序文で間宮が言うように、「新自由主義」の小さな政府のイデオロギーを具体化し、普及していくうえで**ケインズの経済学が不都合だったから**にほかならない。

ケインズは経済理論を緊要な経済問題を解決する〝トゥール（道具）〟としてとらえた。

これに対しハイエクは、「学問をする者の任務は、目の前にある政策に影響を与えることではなくあくまでも物事の基本を、人びとに明らかにすることにある」と考えた。

ケインズと同時代に生きたシュンペーターも、前出の熊谷尚夫の解説によれば『一般理論』に対する書評のなかで、次のように語っている。

この本（『一般理論』）は専門の経済学者を相手に純粋理論的な討論をいどむ趣旨を明言しているにもかかわらず、「じつはケインズはいたるところで特定の政策のために弁じ、あらゆるページでその政策の幽霊が分析家の肩ごしに顔を出して、彼の仮定をつごうよく組み立て、彼のペンをみちびいている」[*28]

つまりハイエクやシュンペーターのように〝学問をする者〟から見れば、ケインズの経済学は異端に見えた。その意味で「新自由主義」も純粋な理論ではなく、特定の目的（小さな政府）の実現に重点を置く〝異端〟である。ともに異端であるという理由だけで、「新自由主義」がケインズの経済学を「大きな政府による経済管理の理論」とか「個人の自助自律をないがしろにする福祉国家の理論[*29]」と呼んで、自らと同じイデオロギーに格下げしようと企《たくら》んだとするなら、とんでもない誤解であり、錯覚である。

なぜなら、ケインズの経済学は純理論的というより実践的だったとしても、ケインズはその実践を正当化するために古典派の理論を批判するだけではなく、古典派から逃れ出るために新しい理論を懸命に構築したからだ。その結晶が『一般理論』であることはすでに述べたが、「新自由主義」にはこうした理論上の葛藤が見られないのである。

理論なき「新自由主義」の正体

小さな政府のイデオロギーに集約される「新自由主義」の目的は何であり、その目的をどのような手段で実践しようとしたのかについては定説があるわけではない。ただ、私にはイギリス出身の経済地理学者デヴィッド・ハーヴェイによる「新自由主義」の説明が本質をついているように見える。

ハーヴェイによれば、ケインズ政策で後退を強いられた市場の階級権力、すなわち大企業や富裕者などが、より多くの利益や所得を得られるようにするため、地球規模で市場的自由の普及・拡大を図ったのが「新自由主義」の正体だという。そのために国家、すなわち政府と中央銀行に、通貨の価値を守り、私的所有権を保護し、市場の適正な働きを保障する軍事的・警察的・法的な仕組みや機能を作り上げることを求めたというのだ。くわえて、自然環境や教育・医療、さらには社会保障といった、市場が得意とする金銭的な動機が働きにくい分野にまで民営化や規制緩和によって市場を創出し、いったん創出された市場は可能なかぎり自由放任にすることを、国家に求めたと指摘する。[*30]

こうした実践に「新自由主義」が動員した経済思想とは、「マネタリズム、合理的期待形成論、公共選択理論、そしてサプライサイド理論をないまぜにした思想であった」[*31]とハーヴェイは言う。

「新自由主義」を擁護する経済学者には異論があるかもしれないが、**「新自由主義」にはオリジナルな経済思想など何一つなく**、市場の階級権力の回復のために都合の良い経済理論を、整合性も体系性もないまま場当たり的に動員したというハーヴェイの指摘は、的を射ている。しかし、「新自由主義」にオリジナルな経済思想はなくても、階級権力の回復が急速な勢いで実現されたことは以下の引用からも明らかである。

アメリカの国民所得のうち、〔……〕上位〇・一%の所得者の収入が国民所得に占める割合は一九七八年の二%から、一九九九年には六%以上に増大した。他方で、最高経営責任者（CEO）の給与と労働者の給与の平均値の比率は一九七〇年代の三〇対一強から二〇〇〇年にはほぼ五〇〇対一へと広がった。〔……〕〔なぜなら〕賃金および給与への課税がそのまま維持されている一方で、遺産税（富裕階級への税金）が段階的に縮小廃止されていき、投資からの収入やキャピタル・ゲインへの課税も削減されたからだ。／〔アメリカ以外にも〕イギリスの上位一％の所得者は、一九八二年以降、国民所得に占める割合を六・五％から一三％へと倍増させた。さらに視野を広げてみれば、〔……〕ロシアでは、「新自由主義」的な「ショック療法」後に一握りの強力な新興財閥《オリガルヒ》が台頭し、〔……〕中国では、自由市場指向の政策が採られたことで所得と富の不平等の途方もない拡大が生じた。一九九二年以後のメキシコで生じた民営化の波は、ごく少数の人々（たとえば大手通信事業を率いるカルロス・スリム）をほとんど一夜のうちに『フォーチュン』誌の世界長者番付に加えた。〔……〕これらの証拠は「新自由主義」への転換が何らかの点で、そして何らかの程度で〔大企業や富裕者など〕経済的エリートの権力の回復や再建と結びついていることを雄弁に物語っている。*32

日本でも一九九〇年代後半以降、ジニ係数などの統計に現れる経済格差は拡大を続けた。これに対し、小泉純一郎元首相は、格差はどこの社会にもあり、格差が生じることは悪いことではないとか、成功者をねたんだり、能力ある者の足をひっぱったりする風潮を慎《つつし》まないと社会は発展しないと国会で強弁して格差問題を退《しりぞ》けた。[*33] 小泉元首相だけではなく経済学者のなかからも、日本で経済格差が統計的に拡大しているのは、世代内の格差が大きい高齢者の人口割合が増加しているからであり、各世代内での格差が拡大しているわけではないといって、格差論を封じる議論も現れた。[*34]

しかし、格差論を高齢化問題にすり替える前に、欧米諸国では高齢者になると経済格差が縮小する傾向があるのに、**なぜ日本では逆に格差が拡大するのかについて経済学者は考察すべきだった**。その背景に老齢年金の制度間格差などの問題があるとすれば、その問題について分析を深化させるのが経済学者の本来の「仕事」のように思う。

ジョーン・ロビンソンは「経済学の第2の危機」の講演で次のように述べている。

> 危機の確かな兆候は、奇想の流行であります。正統派が満足させることのできなかった大衆の耳を奇想が傾けさせるというのが、（経済）理論の危機の特徴なのです。[*35]

当時、ロビンソンが講演で語った奇想こそ「新自由主義」を胚胎したマネタリストの反革命にほかならなかった。人びとの不満の根因と解決策を経済学が明らかにし、理論と政策の両面で人びとを満足させることができなければ、奇想が跋扈《ばっこ》するだけで「経済学の第2の危機」は終わらないのである。

ハイエクは何を求めていたのか

「新自由主義」が標榜する小さな政府とは、大企業や富裕者などの階級権力が稼いだ利益や所得に対して政府が課税する税金の割合や金額が小さいだけではなく、稼ぐ機会の自由を制約する規制や保護も小さい政府のことである。

ケインズは有効需要を拡大する観点から累進税制による所得再分配を支持したが、「新自由主義」は全体のパイが大きくなれば、上げ潮は船をみな持ち上げるとか[*36]、上層から下層へと富はトリウルダウンすると言って、政府の権力で所得を再分配しなくても、自由な経済活動を通して富は貧しい人にも均霑《きんてん》していくと主張した。

所得再分配を支持するケインズの議論には、所得が高まるほど消費性向は低下するという理論があったが、「新自由主義」のトリクルダウンにはそれを裏付ける理論は存在しない。しかも、上記で引用した各国における経済格差の実態を見るかぎり、富はトリクルダウンするよりも大企業や富裕者にますます集中している。[*37]

たしかにハイエクも、「成功する者に名声あるいは利得をすべて与えるのでないかぎり、それらの仕事にもっとも適格な人びとを惹きつけることは期待できない[*38]」と言って、経済的な成功者への課税に反対を唱えている。しかし、この発言には下記の前置きがあることを見落としてはならない。

メリットに応じた報酬と自らの仕事を選択する自由とが両立しないことがきわめて明白になるのは、結果の不確実性がとくに大きく、いろいろな種類の努力の機会について個々の評価が大きく異なる分野においてである。「調査（research）」あるいは「探求（exploration）」と呼ぶ思索的努力において、または「投機（speculation）」として通常あらわす経済的活動において、もし成功する者に名声あるいは利得をすべて与えるのでないかぎり、それらの仕事にもっとも適格な人びとを惹きつけることは期待できない。[*39]

つまり、ハイエクは学問における「調査」や「探求」、あるいは実務における「投機」といった**不確実性が高い仕事に人びとを惹《ひ》きつけるために、成功者にはすべてを与えることが望ましいと言っているに過ぎない。**規制緩和や民営化によって国家から所得や利益を自由に獲得できる機会を与えられた者にまで、すべてを与えることが望ましいと言っているわけではないのである。

また、政府の規制や保護は人びとの所得や利潤機会を制約するから廃止すべきだとも、ハイエクは言っていない。不完全な知識によって政府が人びとの行動を規制したり保護したりするよりは、人びとの自由な決定にまかせたほうが結果はどうなろうとも、否、結果がどうなるかわからないからこそ〝まし〟だと言っているのである。

ハイエクが求めたのは自由の条件であり、自由の結果ではない。ハイエクにとって意義があるのは**自由そのもの**であり、より多くの所得や利益を得るために経済行動を自由にすることではない。その意味で、経済行動を自由にすればパイは大きくなり、大きくなったパイは市場を通して貧しい人にトリクルダウンするという「新自由主義」の主張は、ハイエクの眼には不完全な人間の知識によって経済に影響を与えることができると驕《おご》り、そして錯覚したケインズの経済学と大差ないように映るはずだ。

ケインズもハイエクも生きている

間宮が言うように、一九七〇年代から一九八〇年代にかけて、ケインズはケインズならぬケインズ主義者として排斥《はいせき》され、ハイエクはハイエクならぬハイエク主義者として称揚《しょうよう》されたとするなら[*40]、ケインズの経済学は「新自由主義」の台頭によって信頼を失ったわけではないし、ハイエクの自由も「新自由主義」の躓《つまず》きによって名誉を失ったわけではない。

マルクス経済学の視点から日本経済を分析する井村喜代子は、二〇〇八年のリーマンショック後に著した本[*41]で、二〇〇八年の金融危機は資本主義の歴史では経験したことのない新しい質のものであり、これまでの金融危機とは比べられない深刻な内容を持っていると述べ、一〇〇年に一度とか一九二九年の大恐慌以来という通俗的な見方を批判する。

井村によれば、ケインズに一度救済された資本主義は一九七〇年代に行き詰まり、その後はアメリカ主導の金融自由化と「新自由主義」によって混沌《こんとん》たる状況に陥った。その顛末が実体経済からかけ離れた投機的金融活動の世界的蔓延《まんえん》による二〇〇八年の国際金融危機だったという。

井村は、いま必要なのはニクソン・ショックによる金ドル交換の停止で変質を遂げた〝新しい〟資本主義の理論的な解明だと述べる。その解明を怠ったままで、未曾有の財政支出と金融緩和で不況の克服を試みても、ギリシア発の財政危機に象徴されるようにますます多くの難題が噴出すると井村は警告するのだ。[*42]

マルクスの眼で二〇〇八年の金融危機を見れば、「新自由主義」を批判するだけでは済まない問題が浮かんでくる。ケインズが復活したと歓喜の声があがったのは「オンリー・イエスタディ」、つい昨日のことである。これまで述べた通り、私は安易なケインズ復活論には与《くみ》しない。しかし、ケインズのフィロソフィー（思考）はいまこそ日本において復活すべきだと考えている。

第六章　ケインズならば、迷走日本にどのような処方箋を書くか？

なぜケインズは失業問題に鈍感だったのか

ケインズは、現実の経済において貨幣が演じる役割に焦点を当て、『貨幣改革論』や『貨幣論』によって古典派の貨幣数量説を批判し、新しい物価決定理論の確立に努めた。そのケインズが、なぜ経済全体の生産量や雇用量の決定に関心を移して『一般理論』を書いたのだろうか。

体系的な理論の構築よりも時宜《じぎ》を得た経済分析や政策提言を好んだケインズが、大不況後に悪化した失業問題をテーマに取り上げたことは理解できる。だが、第二章の図6で示した通り、イギリスの失業率は一九二一年に急増した後も高止まりを続け、一九二九年の大不況前から労働運動は激化していた。その影響を受けて、一九二四年にははじめての労働党内閣も誕生した。第一次世界大戦の終わりとともに世界経済の中心が急速にアメリカへと移るなかで、イギリスではデフレ以上に失業が深刻な問題と化していたのだ。

それにもかかわらず、一九二〇年代のケインズはもっぱら物価下落の要因と歯止め策に関心を注ぐ一方、失業についてはセイの法則に縛られた古典派の雇用理論にも異を唱えなかった。すなわち失業は労働市場における不均衡にほかならず、労働組合さえ貨幣賃金の引き下げに抵抗しなければ、失業は解消されるという旧《ふる》い経済学を理論的に正そうとはしなかったのである。

通説によればケインズは、弟子たちで組織された『貨幣論』の批判的な勉強会――ケインズ・サーカスと呼ばれた――で出された意見を受けて、古典派の雇用理論における非現実的な誤りに気づき『一般理論』の執筆を決意したと言われている。通説の見方には私も異論はない。ただ、**現実の経済に敏感なケインズがなぜ一九二〇年代の失業問題に鈍感だったのか**、また、**なぜ一九三〇年代に入りイギリスが大不況に陥ってから古典派の雇用理論を批判しようと思い立ったのか**、私のなかでは疑問が燻《くすぶ》り続けていた。

『一般理論』は資本主義の延命策か

疑問を抱えながらも本書の第五章まで筆を進めたところで、私は一冊の本と出会った。『一般理論』の公刊から二一年後の一九五七年、ケインズの経済学がもっとも輝いていた時期に日本を代表する二人のマルクス経済学者、新野《にいの》幸次郎と置塩《おきしお》信雄によって書かれた『ケインズ経済学』（三一書房）である。

同書は、ケインズの経済学を理論的に誤解したり、イデオロギー的に批判したりする通俗的な批判とは一線を画し、『一般理論』の記述を丹念に辿りケインズの経済学を正確に理解したうえで、『一般理論』に内在する非科学的な分析を次のように批判する。

非自発的失業の原因を経済全体の需要不足に求めたケインズの経済学は革新的だった。しかし、ケインズの分析は、なぜ失業の原因が需要不足となって現れるかにまでは及んでいない。需要不足の根底には資本主義という経済システムの持つ歴史的な性格や制度的な矛盾があるはずだ。そうした社会的条件にまで遡って分析しなければ科学的とは言えない。――そう言って、新野・置塩は『一般理論』におけるケインズの分析を批判するのだ。*1


新野・置塩は、二〇世紀に入ってからの労働運動の激化に、資本主義を崩壊に導く危険が潜んでいることをケインズは早い段階から見抜いていたと言う。その危険が古典派の雇用理論では回避できないことを知っていたから、ケインズは新しい経済学の提唱によって資本主義の擁護と延命に努めたというのだ。私も体制的な危機に対するケインズの直感に関しては二人と同じ見方を、本書で披露してきた。

ただ、私は『一般理論』の目的は、あくまで労働運動の激化として現れる雇用不安の緩和にあり、資本主義崩壊の回避はその結果に過ぎないと考えてきた。これに対し、新野・置塩はケインズの目的は、むしろ資本主義の擁護・延命にあり、『一般理論』で示された雇用安定の理論と対策はその手段に過ぎないと言い切るのだ。

たしかに、新野・置塩の議論にしたがえば、上記した私の疑問も晴れる。失業率が高止まりを続けても、また労働運動が激化しても、それが体制の危機にまで発展しない間は、雇用安定よりも、企業の利益に直接影響を与える物価安定のほうが、資本主義を体現した企業にとっては重要な問題だったからである。しかし、雇用の悪化が社会不安を引き起こし、資本主義の崩壊にまで発展する危険が高まれば事態は一変する。一九二九年のニューヨーク株式市場における暴落を契機に世界経済が大不況に陥っても、失業の責めを労働組合の抵抗に求め、労働運動を煽るだけで、有効な失業対策を欠いた古典派の雇用理論では、資本主義の寿命を縮めるだけで、延命はできない。それを危機と見なしたケインズが、『一般理論』で労働者の「友」のようなふりをして古典派を批判し、資本主義の延命を図ったという新野・置塩の「推理」はある意味で自然であり、説得的である。

しかし、新野・置塩の「推理」に関しては新たな疑問も湧いてくる。それは雇用安定がケインズにとって資本主義の擁護・延命の手段だったとしても、企業に雇用されなければ生きていくことができない雇用者にとって、雇用の安定以上に重要な問題があるのかという疑問である。資本主義が歴史的な制度に過ぎず、その矛盾が非自発的失業を伴う不況として循環的に現れるとしても、現に権力階級が占有している生産手段を労働者階級が暴力的に奪取すれば、それによって当時のイギリスにおける人びとの暮らしは本当に良くなったのかという疑問でもある。

新野・置塩のケインズ批判はたしかに一貫しており、長期的に見れば的を射ている。しかし、ケインズの言葉を借りるなら、長期的には、すなわち仮に労働者階級による革命が成功しても、その成果が人びとの暮らしの向上となって現れる頃には私たちはみんな死んでいる。その意味で**資本主義という制度が、どんなに深刻な矛盾を内包していても、制度としての耐用年数を迎えるまでは、使い続ける知恵が必要だとケインズは考えたのではないだろうか。**

ケインズとマルクスに共通する経済の観察眼

資本主義が物質的な豊かさを実現する優れた経済システムであることは、マルクスも認めていた。ただ、不断の拡大を続けなければ倒れてしまうような資本主義が人びとの暮らしをいつまでも良くし続けるとは、ケインズも考えていなかった。序章で述べたように、絶対的な必要が満たされ、経済問題が重要ではなくなる日が一〇〇年以内に到来するとケインズが一九三〇年に予測したのは、成長の複利効果による物質的な豊かさの飽和だけが根拠ではなかったのである。

二〇〇八年の国際金融危機後にケインズと並んでマルクスの復活が唱えられたのは、経済の観察眼において二人には共通点があったからである。この点について少し詳しく説明しておきたい。説明に際しては若干の記号を用いるが、記号を無視しても理解できるように解説するので、記号が苦手な読者も飛ばさずに読んでいただきたい。

Mを貨幣、Cを商品とすると、ケインズ以前の古典派は経済活動をC_0→M→C_1、すなわち新たに生産した、もしくは最初に所有していた商品C_0を、市場で売って貨幣Mを手に入れ、その貨幣Mで自分が欲しい商品C_1を購入するプロセスとして考えた。このプロセスにおける目的は自分が欲しい商品C_1を得ることにあり、貨幣Mはそのための手段に過ぎない。もし個々の商品のレベルで需要と供給が一致しない（不均衡の）ときは、市場における価格の変化で調整されると古典派は考えた。

これに対して、ケインズも、またマルクスも、経済のプロセスをM_0→C_0→「生産」→C_1→M_1、すなわち当初保有する貨幣M_0で、労働力や原材料などの商品C_0を購入し、C_0を使って新たに生産した商品C_1を、市場で販売して貨幣M_1を得る運動と考えた。つまり目的は欲しい商品の獲得ではなく、より多くの貨幣（利潤）を得ること$M_0 < M_1$にあると見なしたのである[*2]。

したがって、ケインズとマルクスにとっては、$M_0 < M_1$を実現できない、すなわち当初の貨幣を増殖できずに$M_0 > M_1$となるときに危機は発生することになる。その危機は企業の利潤減少あるいは損失拡大を引き起こし、経済全体の生産量や雇用量の減少、つまり不況や恐慌となって現れる。不況や恐慌の原因は供給に対する需要の不足だが、それを消費や投資の不足といった経済現象として分析するのか、それとも資本主義の制度的な矛盾にまで遡って分析するのかがケインズとマルクスの違いだと言える。

資本主義の揚棄か安楽死か

マルクスは資本主義の下で繰り返される経済危機を根本的に解決するためには、資本主義の揚棄《ようき》が必要だと考えた。資本主義の下では、不況に陥るたびに労働力の価格である賃金を、①労働時間の延長、あるいはより安い労働力への切り換えによって絶対的に引き下げるか、②雇用者に対する監視の強化、あるいは労働密度の強化、すなわち機械設備の導入などによる生産性の上昇によって相対的に引き下げるか、もしくは両方によるかが繰り返されると考えたからである。[*3]

一方、ケインズは、経済活動を自由放任にすると企業は利潤の回復を目指して労働組合に賃金の引き下げを求めるようになるが、それは企業にとっても得策ではないと主張した。そのうえで、政策による総需要の喚起によって雇用の安定、ひいては人びとの暮らしを守りながら不況を克服する政策を『一般理論』で提言したのである。[*4]

ケインズが示した処方箋のなかには、貨幣量を増やして金利を引き下げたり、所得税の累進制を導入したりする、資産家には必ずしも歓迎されない政策が少なからず含まれていた。実際、ケインズは金利の低下による**資産家の安楽死**を歓迎したが、『一般理論』を深読みすると、その先には**資本主義の安楽死も射程に入っていた**ように見える。その意味でケインズとマルクスは、**資本主義を歴史的なシステムとしてとらえる点**でも共通点があったと思われる。

そこで、資本主義の本質と矛盾をまずはマルクスの視点から考えてみることにしたい。

マルクスの商品理論

冷戦終焉後の一九九四年に享年六〇で逝去した、戦後日本の優れた思想家の一人である廣松渉《ひろまつわたる》は、ソ連・東欧の崩壊に直面したとき、いまこそマルクスが展開した新しい理論的な地平と新しいパラダイムを、マルクスから引き継いで発展させることが真の課題だと述べた。[*5] 廣松によれば、マルクスが『資本論』で試みたのは、未来の共産主義社会を具体的に描くことではなく、資本主義社会の構造を分析し、その矛盾を解決した体制の展望であったという。[*6]

宇野派の創始者である経済学者の宇野弘蔵も、『資本論』は資本主義消滅後の未来社会を描いたものではなく、**資本の論理が完全に貫徹される純粋な資本主義**について説かれているという。[*7] 冷戦の終焉によって社会主義という対抗勢力が実質的に消滅し、グローバル化が進展するなかで資本主義が純化を遂げたとするなら、現在の資本主義こそ、マルクスが『資本論』で洞察した〝純粋な資本主義〟にほかならない。

マルクスが『資本論』で剔抉《てっけつ》しようとしたのは、「自由で対等とされる労使関係が一種独特の〝〔賃金〕奴隷制〟であること」[*8] だったと廣松は言う。その『資本論』の第一章「商品」の冒頭でマルクスは次のように述べる。

資本制生産様式が君臨する社会では、社会の富は「巨大な商品の集合体」の姿をとって現われ、ひとつひとつの商品はその富の要素形態として現われる。したがってわれわれの研究は商品の分析からはじまる。[*9]

『資本論』を繙いたとたんに遭遇《そうぐう》する難所である。前出のデヴィッド・ハーヴェイによれば、上記の引用文には「現れる（appear）」が二回出てくるが、ポイントはそれが「である（is）」ではないことだ。つまり、それは何かほかのものが表層の外観、すなわち商品の下から現れ出てくることだという。[*10]資本主義では、富が商品「である」のではなく、富が商品として「現れる」のだ。その商品をマルクスは次のように解説する。

使用価値であるかぎりでは商品には神秘的なところはまったくない。〔……〕人間が木材から机を作るときには、木材の形が変えられるだろう。たとえ形が変わっても、机は木材であり、ふつうの感覚的な物体である。しかし机が商品として登場するやいなや、机は感覚的にして超感覚的な物に変容する。[*11]

机を机として使用するなら机の価値、すなわち使用価値を実感できる。しかし、机の商、品としての価値を表現しようとすれば、机以外の商品の使用価値を媒介しなければ表現できない。実際、一台の机の価値は一台の机の価値に等しいと言っても同義反復に終わってしまう。そこで仮に使用価値の異なる机とイスを並べて一台の机の価値は二個のイスの価値に等しいとなれば、机の価値をイスで表現できることになる。

使用価値が異なる二つの商品の価値が等しくなる理由を、マルクス以前（ケインズの時代よりもさらに古い時代）の古典派は、一台の机と二個のイスに投入されている労働の量が等しいからだと説明した。ところが、マルクスは逆に一台の机と二個のイスが市場で等しい価値を持つ商品として交換される結果として、両者に投入された抽象的な労働の量は等しい関係になると喝破したのである。[*12]

賃金奴隷——非自発的雇用の本質

ここで一台の机を人間の労働力に、二個のイスを賃金に置き換えてマルクスの「商品」の理論を適用すれば、賃金と交換される労働力の価値は、その労働力を再生産するために必要な貨幣の価値と等しいのではなく、実際に支払われた賃金の価値が結果的に労働力の価値に等しいと社会的に評価されたことになる。

つまり、労働力を商品として売る以外に生きる手段がない雇用者にとっては、自らの労働力を再生産するために必要なだけの貨幣が賃金として支払われる保証はない。いかに小額でも支払われた賃金で自らの労働力を再生産しなければならないというのが現実だからだ。

もし、労働の需給が逼迫《ひっぱく》しており、制度的にも雇用者が企業[*13]と対等に交渉する権利を有しているなら、雇用者は家族の扶養や子供の教育費用も含めて生活に必要な貨幣を賃金として要求することができる。しかし成長率が停滞し、労働者保護の規制も次々と緩和されるなかで雇用者の立場が弱まれば、賃金は企業の主張通りにぎりぎりの水準まで下げられる[*14]。このとき企業によって切り下げられるのは貨幣で表された賃金ではなく、雇用者が提供する労働力の価値だとマルクスは言うのである。

つまり、マルクスにしたがえば、非自発的雇用とは労働の苦痛よりも賃金のほうが低い状態ではなく、**企業が労働力の価値を、雇用者が実感する苦痛よりも低く評価する状態な**のである。

日本経済の危機はどこに現れているか

そう考えると、資本主義に内在する制度的な問題とは、生産手段を私有し貨幣を増殖しようとする企業と、労働力を売る以外に生きる手段を持たない雇用者の関係にあることが理解できる。その関係における矛盾、すなわち貨幣の増殖運動と賃金による労働力の再生産が両立できなくなったとき、**資本主義は耐用年数、すなわち安楽死のときを迎えること**になる。

ケインズは非自発的失業の問題であれば、古典派の雇用理論から逃れ、自由放任を修正すれば解決できると考えて『一般理論』を書いた。その理論は新野・置塩によれば非科学的で欺瞞《ぎまん》に満ちたものだが、工夫次第、すなわち貨幣量や税制および財政支出などの政策変数を操作することによって問題を解決できるなら、何もせずに資本主義の寿命を縮めるよりも賢明な選択だったと言える。

しかし、どんなに工夫しても矛盾を解決できない事態に至ったときは、ケインズであっても労働力のまともな再生産ができないほどに人件費を切り詰めてまで資本主義の延命を図ろうとはしなかったはずである。

ずいぶんと回り道をしたが、そうした**資本主義の寿命到来が、ゼロ金利でも、また未曾**

有の財政支出でも解決できない非自発的雇用に現れているというのが、私の洞察する日本経済の危機である。

第一章でも述べた通り、企業に雇用されて賃金を得る以外には生きていく手段のない雇用者が大多数を占める資本主義の社会では、①労働に伴う苦痛がどんなに大きくても、働いて生きていくのか、それとも②働かずにお金を得る方法を探すのか、もしくは③生きることをあきらめるのか、三つに一つの選択肢しか存在しない。

経済学者のなかには非自発的雇用の存在を最初から認めることなく、失業するよりは〝まし〟だから働いているのだろうと突き放す人も多い。だが、ここで重要なことは非現実的な理論を盾《たて》にして、日本経済が陥っている危機に目をつぶることではない。求められているのは、非自発的雇用を強いられたり労働の苦痛の前に立ち往生したりする人が、なぜ現在の日本に存在するのかを理論的に明らかにしたうえで、その解決策を提示することである。

ひたすら人件費を削る日本企業

実際、正規の職員・従業員と比較して賃金も低く、雇用も不安定な非正規の職員・従業員は一九九〇年の八七〇万人（全雇用者の二〇％）から二〇一〇年には一七五六万人（同三四％）と九〇〇万人近くも増加している。また、正規の職員・従業員のなかにも本人が望まないサービス残業や長時間労働を強いられている人は少なくない。

賃金の引き下げに抵抗する労働組合に失業の原因を求めたケインズの時代の古典派のように、現在の日本においては正規と非正規の賃金格差の原因を正社員の既得権益に求め、正社員が賃金の引き下げに応じないから格差が存在すると嘯《うそぶ》く経済学者や政治家は後を絶たない。

単純に正規の職員・従業員と非正規の賃金を比較して、正規のほうが高いのは既得権益だと決めつける主張に、どれほどの経済学的な根拠と社会的な正当性があるのか、私には理解できない。そもそも問題の所在は正規と非正規の格差にあるのではなく、正規よりもはるかに低い賃金で非正規を大量に雇用してきた企業側の人件費抑制にある。

私の手元にある財務省の『法人企業統計』によれば、企業が産み出した人件費や利益あるいは支払い金利などから構成される名目の付加価値額は、バブル末期の一九九〇年度からリーマンショック前の二〇〇七年度までの間で、二四七兆円から二八五兆円に三八兆円増えている。このうち役員給与・賞与を除く人件費は一四二兆円から一六九兆円と一七年間で二七兆円の増加に対し、営業純益も同期間で一五兆円から四〇兆円と、ほぼ同じ二五兆円増えている。

また付加価値に占める比率を見ても、同じ期間で同人件費の比率が五七・五％から五九・三％と一・八ポイントの増加なのに対し、営業純益の比率は六・一％から一四・〇％へと七・九ポイントも増加している。

つまり、名目の付加価値額が伸び悩むなかで**企業は従業員に支払う人件費を抑えて、利益への分配率を高めてきた**のであり、その原資となったのが超低金利政策による支払い金利の減少だった。事実、同じ期間における支払い利息・割引料は、名目金額で三五兆円から九・五兆円に二五・五兆円も減少し、付加価値に占める比率も一四・〇％から三・三％に大幅に低下しているのである。

加えて、同じ期間における『法人企業統計』ベースの従業員数は、三四五四万人から四〇八八万人へと六三四万人も増えている。増加した従業員のほとんどは非正規であり、企業は意図的に賃金の低い非正規を採用して人件費を抑制してきたと言える。バブル崩壊後の長期停滞から脱するために講じられた超低金利政策の恩恵は、統計で見るかぎり雇用者には還元されずに、配当や内部留保の形で株主と企業が独占してきたのである。

〝奇想〟の跋扈

非正規の賃金が低い原因を正社員の既得権益と喧伝するのは、ジョーン・ロビンソンの言う〝奇想〟にほかならない。こうした〝奇想〟はほかにも現在の日本では少なからず蔓延《はびこ》っている。

たとえば生活保護世帯の増加をめぐり、働く能力がありながら働かずに生活保護に頼る現役世代が増えているからだと決めつけるのも〝奇想〟にほかならない。統計を見れば、二〇一二年二月現在で生活保護を受けている一五二万一四八四世帯のうち高齢者、母子家庭、障害者および傷病者世帯以外の現役世代を含む「そのほかの世帯」は二五万九六四七世帯、全体の一七・一％に過ぎない。たしかに「そのほかの世帯」はこの二年間で六万世帯増えているが、それでも全体の増加約二〇万世帯のうち三割であり、増加の原因は資格審査の甘さや個人の努力不足よりも、むしろ働く意欲が湧かない悲惨な雇用環境にある。

〝奇想〟の誤りを正すのは、本来のジャーナリズムに求められる役割である。それにもかかわらず〝奇想〟に乗じて世論を煽る報道が一部に見られるだけではなく、そうした報道に政治までが左右される日本の現状は、経済だけではなく民主主義の危機でもある。

そして、序章でも述べたように、非自発的雇用へと追い込まれる人びとが増えるなかで、日々の暮らしに対する不満は着実に高まっている。しかし、その不満の根因がどこにあるのかを見つけられないまま人びとは苛立《いらだ》ち、そして「怒って」いる。そこでもう一度ジョーン・ロビンソンの言葉を引用したい。

ヒットラーは、ケインズが失業はなぜ起こるかを説明し終えたときには、すでに〔全体主義による〕失業の解決策を発見していました。〔……〕危機の確かな兆候は、奇想の流行であります。正統派が満足させることのできなかった大衆の耳を奇想が傾けさせるというのが、経済学の危機の特徴なのです。*15

ロビンソンが「経済学の第2の危機」の講演で〝奇想〟と言ったのは、マネタリストの反革命だった。その〝奇想〟はケインズ政策と福祉国家に人びとの不満を向けることに成功した後、第五章で述べた「新自由主義」へと変身した。経済学が人びとの抱く不満の原因を解明できなければ「経済学の第2の危機」はいつまでも終わらない。姿を変えて登場する〝奇想〟が人びとの不満の捌《は》け口《ぐち》を探し出し、問題の解決を先送りする構図は現在の日本でも変わらないのである。

デフレの根因は資本主義の矛盾

第一章でも述べたように、**デフレは現在の日本経済が陥っている危機そのものではない。資本主義に内在する矛盾がデフレとなって現れているに過ぎない。**それは、エンジンの故障が騒音となって現れたり、狭心症という病が胸の痛みや息苦しさとなって発症したりするのと同じである。

前述した記号で示すなら、$M_0 > M_1$となる不況や恐慌を、非自発的雇用の拡大で清算しようとする資本主義の矛盾こそデフレの根因である。

その矛盾とは先にも述べたように、企業にとっては主要な費用である賃金が、同時に企業の製品を雇用者が買い戻す（購入する）際の主要な所得になっているという矛盾にほかならない。雇用者に支払う賃金を削って利潤を確保しようとすれば、結果的に、物価が下落して企業は損失を被《こうむ》ることになる。デフレ下でも日本の企業が利益を拡大してきたのは、超低金利政策の恩恵を独占してきたからである。しかし、そうした企業の戦略が持続的でないことは明らかである。雇用条件の改善と安定をもたらす新規投資を増やさないかぎり、労働力の買い叩きはいずれ利益拡大の桎梏《しっこく》となるからだ。

ケインズは一ページにも満たない『一般理論』の第一章を「古典派の教えを経験的事実に適用しようとするならば、その教えはあらぬ方向へ人を導き、悲惨な結果を招来するだろう」と結んで、第二章以降の本論へと筆を進めた。

いまの私たちに求められているのは、「古典派の教え」の部分を、「現代の経済学の教え」に変えて**『一般理論』の第二章以降を新たに書き直すこと**である。ケインズが何を直感していたのか、序章の議論とも重複するが次の引用で確認しておきたい。

> 過去の歴史において文明が破綻したのは、利子率を下げることができなかったからである。[*16]／もしこの最低利子率をゼロにすることができるならば、そのときには銀行システムは最適産出高を調整することができる。[*17]

ケインズは金融政策によって最低利子率をゼロにまで引き下げ、投資を喚起できれば需要の不足が引き起こす非自発的失業は解決できると考えた。逆に言えば、利子率をゼロにまで引き下げても問題を解決できないときは、序章でも述べたように、「文明の破綻」や

「諸帝国の破滅」といった利子率を下げられなかったときと同じことが起こると、ケインズは予言していたとも言える。これ以上の量的緩和は制御不能なインフレを引き起こすという懸念の声もあるが、デフレさえ脱却すれば日本経済は危機を克服できるなら、未曾有の金融緩和も選択肢の一つに違いない。

だが問題は、**デフレさえ脱すれば……の議論が本当に正しいかどうか**である。新野・置塩のケインズ批判を援用するなら、なぜデフレが生じているのかについて、貨幣供給や需給ギャップといった経済統計との関係だけで分析を止めずに、資本主義という経済システムの持つ歴史的な性格や制度的な矛盾にまで遡り、分析を深めることが必要である。

なぜデフレは一九九〇年代後半に生じたのか

資本主義における経済活動の本質的な動機は、企業の利潤最大化にある。もちろん、この動機だけでモノやサービスが、現実に生産され、消費されているわけではない。農業や漁業あるいは個人が営んでいる商店では、生きていくための〝生業〟として、古典派が想定したようなC_0→M→C_1のプロセスで、生産・交換・消費といった経済活動が行われている。

しかし、私たちが日常生活で消費している多くのモノやサービスは〝生業〟ではなく、企業が利潤の最大化を目的として行う経済活動の一環として生産されている。生産手段を自ら所有せず、企業の支配下で働いている雇用者には、自営業者とは異なり、自らの労働によって生み出された生産物を所有する権利はない。所有権は企業にあるからだ。したがって資本主義の下では、雇用者は自らの労働力を売って得た賃金で必要なモノやサービスを、企業から買い戻す以外に生きていく糧《かて》を得ることはできない。デフレとは、雇用者が企業から買い戻すときの価格が継続的に下落する現象にほかならない。

そう考えると、デフレと賃金の下落は表裏一体の関係にあることがわかる。なぜなら、前述したように賃金はモノやサービスの価格を構成する主要な費用であると同時に、企業からモノやサービスを買い戻す際の主要な所得でもあるからだ。

したがって企業から見れば、雇用者に高い賃金を払えば、より高く売ることが可能になる。しかし、『一般理論』で、ケインズが個別の労働組合は貨幣賃金の引き下げに激しく抵抗すると指摘したように、企業の場合も一社が率先して賃金を引き上げることは現実に期待できない。なぜなら、一社だけが賃金を引き上げても他社が追随しなければ、賃上げした企業の競争力だけが低下するからだ。したがって、どの企業も最初の一社になることを拒否するかぎり、企業が賃金を上げればデフレを解決できるというのは、デフレ対策としては、かつてケインズが批判した実質賃金の引き下げと同様に非現実的なのである。

戦後の日本において一九九〇年代後半に至るまでデフレが生じなかったのは、**新規の投資による生産性上昇の成果が、春闘による定期的な賃上げを通して、雇用者に還元されてきたから**である。つまり、労働需給の逼迫を背景にして労働組合が企業の利潤最大化の貫徹に歯止めをかけてきたことが、デフレを抑えてきたのである。

逆に見れば、九〇年代後半になって、グローバル化を口実にした人件費抑制が、労働組合の交渉力低下とともに非自発的雇用の増加として現れていることが、現在に至るデフレの引き金になっているとも言える。

資本主義は最良のシステム、ただし……

ケインズは新野・置塩が指摘するように必ずしも労働者の「友」ではなかった。しかし、経済学者が労働者の「敵」にならず「友」であるかのように装うことが、純粋な資本主義の暴走を防ぎ、ひいては資本主義の崩壊という悲惨な事態を回避することをケインズは直感していたのかもしれない。

現在の日本が資本主義崩壊の先頭を走っているように見えるのは、先進国のなかで日本ほど雇用者の権利が踏みにじられている国はないからである。マルクスは労働者を搾取する資本主義の矛盾を剔抉したが、ケインズはその矛盾を直感しながら、矛盾の症状として現れるデフレや非自発的失業を予防し、また治療することによって、人びとの暮らしを守ろうと努めた。しかし、同時にケインズは資本主義を普遍的なシステムとはとらえていなかった。そうでなければ絶対的な必要が満たされた暁《あかつき》には、経済問題が重要ではなくなるという予測などしなかったはずである。

ケインズが生きていた時代の資本主義とは、イギリスの元首相ウィンストン・チャーチルの箴言《しんげん》を真似るなら「最悪の経済システムらしい。ただし、これまでに登場したすべてのシステムを別にすれば……」だったと言える。しかし、いまの日本における資本主義は**「最悪ではなく最良の経済システムらしい。ただし、これから誕生する新しいシステムを別にすれば……」**という瀬戸際に立たされている。

ケインズが利子率をゼロにして資産家の安楽死を唱えたのは、利回りだけを考えて稀少な貨幣をひたすら金融投資に回す資産家の行動が、イギリス国内の利子率を高め、生産と雇用の拡大に貢献する企業の実物投資を阻んでいると見たからだ。しかし、バブル崩壊以降の日本では金融市場の自由放任によって金利がゼロ近くにまで低下しても資産家は安楽死せずに、キャピタルゲイン（値上がり益）を求めて〝豊富な〟貨幣をマネーゲームに投じている。

一方、企業もグローバルな競争での生き残りを口実にして生産拠点を次々と海外へ移転し、国内の雇用機会を縮小するだけではなく、「新自由主義」による労働市場の自由放任に乗じて労働力を買い叩くとともに、超低金利政策の恩恵を独占して利益を増やし、その見返りとして経営者は高額の報酬さえ手にしている。

ケインズは私利私欲に走る資産家の金融投資とは異なり、企業の実物投資は雇用の安定という社会的な効果をもたらすと期待したから、自由放任の資本主義を修正して金利を引き下げ、財政支出を拡大しても企業を国家が支援すべきだと『一般理論』で提言した。もしケインズが現代の日本に復活して、雇用の安定を犠牲にしても利益の拡大に奔走する企業を見たなら、**資産家だけではなく企業も安楽死へと導くような新しい経済学を構築しようと試みる**のではないだろうか。

資本主義の終わりの〝始まり〟

ケインズと同じように、現在の日本で暮らしている私も、資本主義はこれまで存在したすべての経済システムよりは〝まし〟だと思っている。ただケインズと違うのは、資本主義のオールタナティブ、すなわちこれまでの歴史には存在しない資本主義に代わるシステムが、歴史のなかで胎動しているのではないかと直感している点だ。

旧ソ連の崩壊を画期とする冷戦の終焉は、資本主義が勝利して「歴史が終わった」日ではない。旧ソ連の存在によって歯止めが掛けられていた、資本主義の純化が始まった日と呼ぶほうが適切である。

資本主義の純化が、資本主義の終わりの〝始まり〟なのは、純化した資本主義の下で成長ができなくなったとき、その責めはデフレでもなく、財政赤字でもなく、需要不足でもなく、労働組合の抵抗でもなく、資本主義という経済システムが負うことになるからである。誤解がないように付言すれば、私は資本主義が早く終われば良いと思っているのではない。非自発的雇用という人びとの暮らしを犠牲にする〝自由〟まで、企業に与えなければ存続できないような経済システムを、なぜ経済学者がいつまでも支持するのかを問いたいのである。

ケインズは現在のような経済統計が存在しなかった時代に、非自発的失業を解決するためには、雇用者の標準的な賃金を単位として測った経済全体の産出量を増やすのが望ましいと提言した。そこで想定された標準的な賃金とは、企業と雇用者が対等に交渉した結果として決まる賃金である。企業が雇用者の足元を見て買い叩いた賃金ではない。

ケインズは総需要を増やせば、標準的な賃金の雇用者が増えると想定したのであり、標準的な賃金よりもはるかに低い賃金で働かざるを得ないなどの本人の意思に反した非自発的雇用が存在するというのは、第一章で述べたとおりケインズにとっては〝想定外〟の事態である。

ケインズのマシンに固執するケインジアンは、「失われた二〇年」を経ても需要の不足さえ解決できれば、日本経済が陥っている問題はほとんど解決できると思い込んでいる。だから、国家の規制や保護を廃止し、企業を自由放任にして、市場を創出すれば、新しいビジネスが生まれ、経済成長ができるという「新自由主義」の〝奇想〟に、吉川洋のようなケインジアンまで取り込まれるという異変が生じているのである。

しかし、デフレと同じように需要の不足も、ケインズが生きていた時代から**資本主義の矛盾の現れにほかならなかった**。ケインズは『一般理論』で、矛盾の根因である資本主義を揚棄するよりも、マクロ的な経済政策で資本主義を修正し、問題の症状を緩和するほうが社会的に有効であり、有益であると提言した。そうしたケインズの提言が、第二次世界大戦後、数十年にわたり欧米諸国でも、また日本でも奏功してきたのは、パイの拡大と格差の縮小を両立させる異例の高度成長と、労働力の買い叩きを抑止する労働組合の交渉力が健全に機能してきたからである。

逆に言えば、拡大と縮小を両立させる高度成長が失速し、労働組合の交渉力が低下すれば、資本主義の矛盾がデフレや需要不足となって次々と現れてくるのは当然の帰結である。

成長に固執するのか——岐路に立つ私たちの選択

私たちは、ここで岐路《きろ》に立つ。**なお、成長の可能性に雇用の安定と暮らしの安心を求めるのか、それとも成長に固執せず働く機会の確保と暮らしの安心を求めるのか。**

ここでは結論を急がない。いまの日本では、人びとの暮らしを不安定にしている非自発的雇用を解決することが緊要な課題だからだ。その解決の延長線上に、成長をめぐる議論の答えも透けて見えてくるに違いない。

私は非自発的雇用の解決には労働時間の大幅な短縮が必要だと考えている。具体的には、週四〇時間、一日八時間の現行の法定労働時間数を、週二〇時間、一日五時間に短縮するように労働基準法を改めるべきだと考えている。企業による労働力の買い叩きを抑止するためには、年間実質一〜二％の経済成長を目指すよりも、人為的に労働需給の逼迫を創り出すほうが有効だからだ。経済学者は、そんなことをしたら企業が倒産すると大合唱するかもしれない。

しかし、そこで倒産するのは雇用を犠牲にしても利潤の最大化を求めようとする企業だけである。人びとが生きていくための働く場所まで物理的に消滅するわけではない。私たちは、たしかに働かなければならない。しかし、それは私たちの暮らしを守り、人生を楽しく生きるためであり、私たちの労働力を買い叩いても利益をあげようとする企業に奉仕するためではない。

法定労働時間の大幅な短縮は、法定時間を超えて働くことを雇用者に禁ずる規制ではない。企業の側に、超過勤務を命ずるときは、割増賃金の支払いを義務化する法律である。私たちはこれまで十分に働いてきたし、いまも働いている。それでも暮らしに不満や不安を覚える人びとの割合が増えているのなら、それは需要や成長力が不足しているからではない。いわんや、正社員や公務員の既得権益が私たちの暮らしの安心を阻んでいるのではない。企業の利潤最大化を自由放任にして、資本主義を純化した「新自由主義」が引き起こしている矛盾の現れにほかならない。

ケインズはこう言った

バブルの頃までは、私も成長主義者だった。日本経済の潜在的な成長力は高いのだから、成長によって解決できることは成長に委ね、いたずらに未来を悲観する必要はないと考えていた。しかし、バブル崩壊後の不況から立ち直ろうとする日本経済の回復力があまりに弱いことに驚き、その原因を探っているうちに、成長に固執し、かつ成長に依存する日本経済の未来に不安を抱くようになった。その不安を小論の形で公表したのが「不況の終わり、停滞のはじまり」（『中央公論』一九九六年三月号）である。それを機に私は成長主義者から成長懐疑者へと転向した。

成長主義者は、成長すれば多くの経済問題が容易に解決されるのに、なぜ成長に疑問を呈するのかと懐疑者を責める。たしかに、毎年一％の成長でも三〇年続けば、二〇一〇年現在約四八〇兆円の名目ＧＤＰは、三〇年後には約六五〇兆円と、三五％も増える。三〇年間の累積で見れば、わずか一％の成長で増加額の累計は二四五〇兆円にも達する。この増加額の三〇％が財政収入になると仮定すれば、三〇年間で七三五兆円の自然増収が期待できる。数字だけを見れば、こんな〝美味しい〟話になぜ疑問を呈するのかと、成長主義者が懐疑者を責めるのは当然のように見える。

しかし、あらためて考えてほしい。こんな〝美味しい〟話を本当に信じてよいのだろうか。そのために企業の利潤最大化をはじめとする、すべての経済活動（貨幣の増殖）を自由放任にして、ますます多くの人びとを非自発的雇用へと追い込んでよいのだろうか。少なくとも経済学者は、不確実な未来を非現実的な理論や予測で〝バラ色〟に描く偽善を働いてはならない。一％の成長が仮に三〇年間続けば、たしかに上の計算式は成立する。だが、それが現実的か否かは歴史を振り返れば、容易に判断できるはずである。

私は、**こうした成長論こそ、現代の日本における〝奇想〟**だと考えている。それでも成長戦略という〝奇想〟に未来を託すのか、分配政策を見直し資本主義の純化に歯止めをかけるのか、あるいは資本主義という歴史的なシステムの崩壊を待つのか。いずれにしても、**喫緊の課題はデフレ脱却でもなく、財政再建でもなく、資本主義の純化による雇用の不安を止めることである。**先に述べた法定労働時間数の大幅な短縮は、そのための私なりの政策提言である。

私の議論を非現実的だと

を、もう一度思い出してほしい

困難があるとしたら、それは新しい考えの中にではなく、われわれのように育ってきた者たちの、精神の隅々にまで染みわたっている古い考え方から逃れ出ることにある。*18

ケインズはこう言った。これこそ、現在に復活すべきケインズのフィロソフィーなのである。

注釈

（翻訳書からの引用については、引用者の判断で文意を損なわない範囲で訳文に修正を加えた点があることをあらかじめご了承いただきたい）

序章

＊1 R・F・ハロッド『ケインズ伝』塩野谷九十九訳、東洋経済新報社、一九六七年改訳版、一ページ

＊2 Robert Skidelsky, *John Maynard Keynes: The Economist as Savior 1920-1937*, Macmillan, London, 1992, pp. 42-43

＊3 トーマス・K・ライムズ『ケインズの講義 1932—35年——代表的学生のノート』平井俊顕訳、東洋経済新報社、一九九三年、一一四—一二〇ページ

＊4 ケインズ「わが孫たちの経済的可能性」『ケインズ全集 第九巻——説得論集』宮崎義一訳、東洋経済新報社、一九八一年、三九三—三九四ページ

＊5 絶対的な必要を満たせないから、逆に相対的な必要を満たそうとして過剰な競争が展開される恐れもある。そう考えると物資的な意味では、人よりたくさんの経済的な富を得ることができれば相対的な必要は満たされる可能性が高いのに対して、どんなにたくさんの富を得ても個人的には絶対的な必要は満たされないという、ケインズにとっては想定外の状況が現実に生じる可能性も否定はできない。

＊6 前掲『ケインズの講義 1932—35年』一四二ページ

第一章

＊1　小野善康『成熟社会の経済学――長期不況をどう克服するか』岩波新書、二〇一二年、六二―六四ページ

＊2　正確には雇用者ではなく被用者と言うべきだが、本書では慣例にしたがって雇用者という。また、雇用者だけではなく自営業者のなかにも〝非自発的労働〟を強いられている人は現実に存在するが、ここでは労働市場において労働力を提供し賃金を受け取っている雇用者に焦点を当て議論を進める。前後の関係から、「労働者」と呼んでいる箇所もあるが、本書では「雇用者」と同じ意味で使用している。

＊3　吉川洋『いまこそ、ケインズとシュンペーターに学べ――有効需要とイノベーションの経済学』ダイヤモンド社、二〇〇九年

＊4　同前、二七〇ページ

＊5　〝全員参加型〟資本主義は経済活動に参加するすべての人が相互の立場を尊重し、対立ではなく話し合いによって経済的な成果を分け合う経済システムである。この概念は、二〇一二年三月二一日に東京で開催された北海道大学市民社会民主主義研究プロジェクトの総括シンポジウムで、ゲスト・スピーカーのウィル・ハットンが提示したものである。なお私は同シンポジウムにハットンを交えた討議のパネリストとして参加し、〝全員参加型〟が日本で通用したのは、高度成長期に限られるとのコメントを行った。

＊6　左側に位置しても右側に位置しても雇用（労働）者の主観的効用が最大化されていない点では同じである。ただ、左側に位置する場合は賃金が不変なかぎりさらに働くことによって効用を増やす余地があるが、右側に位置する場合には労働時間を減らすことによって主観的な効用はむしろ高まる。しかし、個人の主観的な効用が最大化されることと、その結果得られる賃金で現実に生きていくことができるかは別

問題である。生きていくことを優先する場合には、主観的な効用の最大化を犠牲にしても働かなければならず、そうした雇用の状況を本書では〝非自発的雇用〟と呼んでいる。

＊7 前掲「わが孫たちの経済的可能性」、三九六ページ

＊8 ジョーン・ロビンソン「経済学の第2の危機」『資本理論とケインズ経済学』山田克巳訳、日本経済評論社、一九八八年、三一三―三一四ページ

＊9 私がここで言う高度成長期とは、単に成長率が高い成長期ではなく、マクロ経済的にはパイ、すなわちGDPの拡大と、所得分配の面では経済格差の縮小が同時に進行する成長期のことである。この意味で、第二次世界大戦後から一九六〇年代までのアメリカもまた高度成長期だったと言える。

＊10 高橋亀吉ではなく昭和恐慌の際に積極財政を講じた高橋是清を日本のケインズと呼ぶ人は多い。しかし、高橋是清はケインズのマシンを巧みに利用したが、ケインズのフィロソフィーを実践したわけではない。これに対して高橋亀吉は本書でも述べるように、ケインズのフィロソフィーを実践した点で「日本のケインズ」と呼ぶに相応しい経済学者である。

＊11 高橋亀吉『経済学の実際知識』講談社学術文庫、一九九三年、三ページ

＊12 一九七四年一〇月に東京で開催された如水会定例晩餐会。紹介に対する高橋の反論は『新次元の日本経済』東洋経済新報社、一九七五年、四八―四九ページを参照。

＊13 高橋亀吉『日本経済の転換と進路』東洋経済新報社、一九七四年

＊14 ケインズ『人物評伝』熊谷尚夫・大野忠男訳、岩波書店、一九五九年、一三六ページ

＊15 前掲「経済学の第2の危機」、三一四ページ

＊16 同前、三一八―三一九ページ

＊17 猪木武徳『戦後世界経済史――自由と平等の視点から』中公新書、二〇〇九年、三六四ページ

＊18 ミシェル・ボー『大反転する世界――地球・人類・資本主義』筆宝康之・吉武立雄訳、藤原書店、二〇〇二年、第6章を参照（特に二五九―二六一ページ）。

＊19 二〇〇〇年代はじめのデフレ対策をめぐる論争については、小宮隆太郎・日本経済研究センター編『金融政策論議の争点――日銀批判とその反論』（日本経済新聞社、二〇〇二年）が参考になる。それ以降の議論については内閣府経済社会総合研究所の企画・監修による『バブル／デフレ期の日本経済と経済政策』（全七巻、慶應義塾大学出版会、二〇〇九―二〇一〇年）などを参照されたい。

＊20 ケインズの著作を通底する思想や論理については、西部邁『ケインズ』（イプシロン出版企画、二〇〇五年）のほか、浅野栄一『ケインズの経済思考革命――思想・理論・政策のパラダイム転換』（勁草書房、二〇〇五年）、伊藤邦武『ケインズの哲学』（岩波書店、一九九九年）などを参照されたい。

第二章

＊1 ケインズ「貨幣改革論」中内恒夫訳、『世界の名著――ケインズ・ハロッド』第六九巻、中央公論新社、一九八〇年、二二一ページ

＊2 人びとがどれだけの現金を保有したいかという心理が、貨幣量以外に物価水準の決定に影響を与えることは『貨幣改革論』でも示されているが、そうした心理を引き起こす経済的な要因や物価水準との関係までは分析が行われていない。興味のある読者は平井俊顕『ケインズの理論――複合的視座からの研究』

（東京大学出版会、二〇〇三年）第六章などを参照されたい。
＊3 伊東光晴「ケインズの思想と理論」、前掲『世界の名著――ケインズ・ハロッド』、三六ページ
＊4 本書では『貨幣論』からの邦訳引用文については、『ケインズ全集 第五巻――貨幣論Ⅰ 貨幣の純粋理論』（小泉明・長澤惟恭訳、東洋経済新報社、一九七九年）および『ケインズ全集 第六巻――貨幣論Ⅱ 貨幣の応用理論』（長澤惟恭訳、東洋経済新報社、一九八〇年）に拠っている。
＊5 前掲『貨幣論Ⅰ』著者序文、p. xxv
＊6 基本方程式の詳細については本書の範囲を超えるのでここでは省略する。興味のある読者は平井俊顕の前掲『ケインズの理論』第七章を、また簡単な解説であればケインズ入門書に掲載されているので参考にされたい。
＊7 前掲『貨幣論Ⅱ』第三七章、四〇五ページ
＊8 同前、四〇六ページ
＊9 同前第三七章、三五五ページ
＊10 同前第三七章、四〇五ページ
＊11 前掲『貨幣論Ⅰ』著者序文、pp. xxv–xxvi
＊12 前掲『貨幣論Ⅰ』外国語版への序文、p. xxxviii
＊13 本書では『一般理論』からの邦訳引用文については、ケインズ『雇用、利子および貨幣の一般理論（上、下）』（間宮陽介訳、岩波文庫、二〇〇八年）に拠っている。
＊14 前掲『雇用、利子および貨幣の一般理論（上）』著者序文、pp. xiv–xv

＊15　七六―七七ページの引用に関して基本方程式に興味のある読者は、『貨幣論』の第三編、第四編を参照されたい。

＊16　今期の超過利潤は貯蓄を上回る投資に当てられるだけではなく、超過利潤の発生が次期の生産増や雇用増を誘発するというのが、ケインズが『貨幣論』で想定した経済全体の供給関数である。『貨幣論』における供給関数のより詳しい説明は、平井俊顕『ケインズ研究――「貨幣論」から「一般理論」へ』（東京大学出版会、一九八七年）などを参照されたい。

＊17　ケインズの言う古典派理論にしたがえば、市場価格という見えざる手に導かれて実物経済は均衡（需要と供給の一致）に達し、一般的な物価水準は中央銀行が発行する貨幣量によって決まる。したがって現実の経済に不均衡や物価の不安定化などの問題が生じ、それが長期にわたり解決されない場合、古典派は躊躇なく原因は自らの経済理論にあるのではなく、理論に反した行動や政策の選択にあると考えた。これに対し一般物価と貨幣量の間には古典派の想定するような比例的な関係は存在せず、物価の変化による超過利潤や損失が次期の生産や雇用に影響を与えることを理論的に分析したのが『貨幣論』だったと言える。

＊18　前掲『貨幣論Ⅱ』第三一章、二二一―二二二ページ

＊19　消費財の価格上昇は消費財に対する支出（需要価格）が消費財の生産費（供給価格）を上回ることによって生じるが、投資財の価格は投資財に対する需要と供給ではなく、『貨幣論』では「もっぱら公衆の『貨幣保蔵』の性向によってのみ決定される」（Ⅰ巻、一〇章）とされている。すなわち、利子率の低下により証券（株式）価格が上昇すると公衆が期待して「強気」になれば、貨幣保蔵の性向は低下し、証券価格とし

て現れる投資財価格（正確には時価評価額）も上昇する。ただし、証券価格として現れる投資財価格の上昇が実際に投資財の生産や需要、あるいは雇用の増加を引き起こすか否かは利子率の水準だけでは決まらない。なお、流動性選好と資本の限界効率という新しい概念を用いた投資の決定理論は『一般理論』で展開される。『貨幣論』の段階では、いずれの概念も芽生えらしき発想で止まっており、投資決定との関係では登場しない。

＊20　この場合の失業は古典派が想定する摩擦的あるいは自発的失業ではなく、ケインズが『一般理論』で明らかにした非自発的失業である。

＊21　前掲『雇用、利子および貨幣の一般理論（上）』著者序文、pp. xv–xvi

＊22　前掲『雇用、利子および貨幣の一般理論（上）』著者序文、p. xiii

＊23　P・デヴィッドソン『貨幣的経済理論』原正彦監訳、金子邦彦・渡辺良夫訳、日本経済評論社、一九八〇年、初版への序文、pp. i–ii

＊24　前掲『雇用、利子および貨幣の一般理論（上）』第一章、五ページ

＊25　前掲『ケインズの講義　1932―35年』

＊26　前掲『雇用、利子および貨幣の一般理論（上）』著者序文、p. xvii

第三章

＊1　前掲『雇用、利子および貨幣の一般理論（上）』訳者序文、p. vii

＊2　前掲『ケインズの講義　1932―35年』一一四ページ

*3　同前、一一五ページ
*4　同前、一一六ページ
*5　前掲『雇用、利子および貨幣の一般理論（下）』第二一章、六三―六四ページ
*6　同前、第二一章、六四ページ
*7　ニューケインジアンというグループは、賃金が固定的になる理由を、労働組合の一方的な交渉力によるのではなく、企業にとっても賃金を固定的にしたほうが労働の需給に応じて弾力的に変更するよりも経済合理的なことを理論的に示したが、それは必ずしもケインズが意図したことではなく、逆にケインズの理論が新古典派に取り込まれる原因にもなったと指摘するポストケインジアンの経済学者もいる。詳しくは前掲『貨幣的経済理論』などを参照されたい。
*8　前掲『雇用、利子および貨幣の一般理論（上）』第二章、二三ページ
*9　結論に至るまではもちろんケインズによる「長い闘い」があった。その一部は本書の第二章で紹介したが、より詳しくは前掲『ケインズの講義　1932-35年』を参照されたい。
*10　ここでは『一般理論』にしたがい閉鎖経済を前提に議論を進める。
*11　『貨幣論』では中央銀行による債券の売買や預金準備率の変更を通した利子率の操作が金融政策の手段とされたが、『一般理論』では貨幣供給量の増減によって利子率に影響を与えることが主たる金融政策の手段とされている。
*12　前掲『雇用、利子および貨幣の一般理論（上）』第一三章、二四〇ページ
*13　前掲『雇用、利子および貨幣の一般理論（下）』第二一章、六一―六二ページ

*14 ここでの議論はサミュエルソンが唱えたような、ケインズ経済学と古典派経済学を完全雇用への到達を結節点にして結びつけるような新古典派総合が成立しないことを、ケインズ自身が『一般理論』で指摘していたことを示すと同時に、完全雇用に達する前に賃金や物価が上昇し始める可能性、すなわちフィリップス曲線に関するマネタリストの誤った〝解釈〞を正すうえでも重要である。

*15 前掲『雇用、利子および貨幣の一般理論（上）』第一〇章、一七九ページ

*16 同前、第一六章、三〇八―三〇九ページ

*17 同前、第一〇章、一六五ページ

*18 同前、第三章、四八ページ

第四章

*1 古典派も摩擦的失業は実質賃金の引き下げだけでは解消できないと考えていた。

*2 この点に関する詳細な解説は、吉川洋『現代マクロ経済学』（創文社、二〇〇〇年）二―九ページを参照されたい。

*3 前掲『雇用、利子および貨幣の一般理論（上）』第二章、二二ページ

*4 平井俊顕は前掲『ケインズ研究』（三六―三七ページ）で、「『貨幣論』では、利子率が政策変数としての位置づけを与えられており、それに応じて貨幣供給量が変動すると考えられている。これは『一般理論』において、貨幣供給量が政策変数としての位置づけを与えられており、それに応じて利子率が変動すると考えられているのと対照的である」と述べ、金融政策の操作変数が、『貨幣論』のときの利子率から、『一

般理論』では貨幣供給量に変更されていると指摘している。ただ、この指摘には、『一般理論』では利子率さえ中央銀行が自由に決定できないこと、まして物価水準を政策によって直接決定するなど到底できないという意味が含まれており、本書の主張と矛盾するものではない。

＊5 ニューケインジアンが唱える「メニューコスト」や「情報の非対称性」、あるいは「効率賃金仮説」については、デビッド・ローマー『上級マクロ経済学』（堀雅弘ほか訳、日本評論社、一九九八年）などのマクロ経済学のテキストを参照されたい。また、貨幣賃金の固定性を不均衡動学の視点から、経済の安定要因として評価する優れた経済理論もあるが、詳しくは岩井克人『不均衡動学の理論』（岩波書店、一九八七年）を参照されたい。

＊6 前掲「経済学の第2の危機」三一〇ページ

＊7 ロビンソンは前掲「経済学の第2の危機」（三〇八ページ）で、「ケインズ自身は、価値および分配の理論にあまり関心を持ちませんでした。〔これに対し〕カレッキーは一般理論のもっと筋の通った説明を与えました。それによると、分析のなかに不完全競争が導入され、投資が利潤のシェアに与える影響が強調されています。カレッキーの説明は、ある点ではケインズの理論よりも、真の一般理論だったのです」と述べている。

＊8 前掲『雇用、利子および貨幣の一般理論（下）』第二一章、六三ページ

＊9 前掲「経済学の第2の危機」三一〇ページ

＊10 同前からの引用。原論文は同書三一九ページの注2を参照されたい。

＊11 前掲「経済学の第2の危機」三一一ページ

＊12 同前、三一八ページ
＊13 館龍一郎編『ケインズと現代経済学』東京大学出版会、一九六八年。本書で引用した熊谷尚夫の論文は同書に所収されている「現代経済政策とケインズ」(一一一八ページ)。引用は一ページ
＊14 同前、一七ページ
＊15 ハリー・G・ジョンソン『ケインジアン―マネタリスト論争――インフレーションの経済学』(鬼塚雄丞・氏家純一訳、東洋経済新報社、一九八〇年)のなかでは、マネタリスト反革命の渦中の人物ミルトン・フリードマンが「貨幣理論における反革命」というテーマで一九七〇年九月にロンドンで講演し、広く話題を呼んだことが紹介されている(同書、一三七ページ)。
＊16 前掲『ケインジアン―マネタリスト論争』九ページ
＊17 同前でハリー・ジョンソンはケインズ派がインフレに対して無策だったことを次のように指摘している。「マネタリスト反革命が結局成功したのは、インフレーションという政策問題が出現し、正統派であるケインズ派が所得政策とか、ガイドラインとかいった全く役に立たないことが分かっている政策、あるいは役に立たないことがほぼ確かな政策しか示し得なかったのに対し、マネタリストはインフレーションに対する理論と対策を持っていたからです」(同書一七二ページ)
＊18 戦後の復興期から高度成長期に見られた日本における国際収支の天井は、この代表的な事例と言える。ただし、当時の日本経済において本当に国際収支の天井があったかどうかは意見が分かれており、下村治は貿易収支の赤字を理由にした金融引き締めには反対を唱えていた。この点に関する詳細な分析は、別の機会に行う予定である。

＊19 ここでは、アメリカがインフレを放置し、アメリカのケインジアンがインフレに対する有効な政策を提言できなかったことが、ニクソン・ショックとして顕在化したことを確認しておきたい。

＊20 前掲「現代経済政策とケインズ」二一―三ページ

＊21 前掲『ケインジアン―マネタリスト論争』一七四ページ

＊22 テキスト風に説明するなら、次のようになる。貨幣が一定期間に何回、人の手を渡り歩くかを測った貨幣の流通速度Vと、完全雇用の点で決まる生産量Tが一定なら、「貨幣量（M）×貨幣の流通速度（V）＝一般物価（P）×生産量（T）」の式が成立し、市場に流通する貨幣量（M）と一般物価（P）の間には比例的な関係があるとしたかつての貨幣数量方程式を、マネタリストは「貨幣の需要量（Md）＝名目の生産額（P×T）／流通速度（V）」と書き換えることで、貨幣需要の決定式と読み換えたのである。

そこで、中央銀行がコントロールする貨幣供給量をMsとすれば、貨幣の需要と供給が均衡する条件はMs＝Md＝PT／Vと表すことができる。この結果、かつての貨幣数量方程式が多少変形されたとはいえ復活し、貨幣供給量（Ms）を減らせば（増やせば）、Vが一定なら、名目の生産額（PT）が減少する（増加する）ことになる。すなわち、貨幣供給量Msを中央銀行が変化させると、それに見合って貨幣需要量Mdも変化し、現実の経済ではVを一定とすれば名目の生産額（PT）が貨幣供給量の変化に見合って変化するという意味で貨幣数量説が形を変えて復活するのである。

第五章

＊1 『中央公論』二〇〇八年一一月号に掲載された、政治学者山口二郎との混合診療の是非をめぐる対談。

＊2　S・クレスゲ、L・ウェナー編『ハイエク、ハイエクを語る』嶋津格訳、名古屋大学出版会、二〇〇〇年、九八―一〇〇ページ

＊3　F・A・ハイエク『自由の条件Ⅰ――自由の価値　ハイエク全集第Ⅰ―5巻』西山千明・矢島鈞次監修、気賀健三・古賀勝次郎訳、春秋社、二〇〇七年、二四三ページ。経済政策史の観点から時代を区分するなら、「ケインズの時代」は七〇年頃でいったん終わり、その後一〇年近くは「フリードマンの時代」でマネタリストが支配した後、「ハイエクの時代」になったと言うほうが適当かもしれない。

＊4　間宮陽介『増補　ケインズとハイエク――〈自由〉の変容』ちくま学芸文庫、二〇〇六年、二一四ページ

＊5　F・A・ハイエク「あすを語る」『新自由主義とは何か――あすを語る』西山千明編、東京新聞出版局、一九七七年、四三ページ

＊6　同前、五九ページ

＊7　松原隆一郎「ケインズとハイエクを分かつもの」『大航海』第六一号、新書館、二〇〇六年、六六ページ

＊8　F・A・ハイエク「真の個人主義と偽りの個人主義」『個人主義と経済秩序　ハイエク全集第Ⅰ―3巻』西山千明・矢島鈞次監修、嘉治元郎・嘉治佐代訳、春秋社、二〇〇八年、二四ページ

＊9　前掲『新自由主義とは何か』四二ページ

＊10　同前、一九二ページ

＊11　前掲『ハイエク、ハイエクを語る』九二ページ

＊12　同前、九四ページ

＊13　同前、九六ページ

＊14　前掲「真の個人主義と偽りの個人主義」一七ページ
＊15　前掲『自由の条件Ⅰ』一一ページ
＊16　同前、二一ページ
＊17　前掲『新自由主義とは何か』二七ページ
＊18　同前、二四ページ
＊19　F・A・ハイエク「経済学と知識」前掲『個人主義と経済秩序　ハイエク全集第Ⅰ―3巻』、六二―六三ページ
＊20　同前、一三〇ページ
＊21　同前、一三四ページ
＊22　同前、一三四―一三五ページ
＊23　同前、一四四ページ
＊24　同前、一四五ページ
＊25　前掲『個人主義と経済秩序』の新版解説、三七七ページ
＊26　前掲『増補　ケインズとハイエク』一〇四ページ
＊27　F・A・ハイエク「なぜわたくしは保守主義者ではないのか」『自由の条件Ⅲ――福祉国家における自由　ハイエク全集第Ⅰ―7巻』西山千明・矢島鈞次監修、気賀健三・古賀勝次郎訳、春秋社、二〇〇七年、一九七ページ
＊28　前掲『ケインズと現代経済学』三ページ

＊29　前掲『雇用、利子および貨幣の一般理論（上）』訳者序文、p. vを参照。
＊30　デヴィッド・ハーヴェイ『新自由主義――その歴史的展開と現在』渡辺治監訳、森田成也他訳、作品社、二〇〇七年、一〇―一一ページ。なお以下の引用文をはじめハーヴェイの立論中の新自由主義に「　」を付けたのは引用者である。
＊31　同前、七八ページ
＊32　同前、二九―三二ページ
＊33　小泉元首相の国会での発言は橘木俊詔『格差社会――何が問題なのか』（岩波新書、二〇〇六年）p. iiから引用。
＊34　大竹文雄『日本の不平等――格差社会の幻想と未来』（日本経済新聞社、二〇〇五年）などを参照。ただし大竹は同書で高齢者の世代内での再分配の必要性についても言及している。
＊35　前掲「経済学の第2の危機」三一五ページ
＊36　前掲『新自由主義』九五ページを参照。
＊37　全体のパイの拡大によって貧しい人の底上げが生じているという議論もあるが、本書の第四章で紹介したロビンソンの、どんなにパイが拡大しても、半分以上の人びとは常に平均以下であるという指摘を見れば、階層の固定化を回避する観点からも格差拡大を放置するよりも縮小するほうが望ましい。
＊38　前掲『自由の条件I』一三五ページ。
＊39　同前
＊40　前掲『増補　ケインズとハイエク』二一三ページを参照。

＊41　井村喜代子『世界的金融危機の構図』勁草書房、二〇一〇年
＊42　ニクソン・ショックは、ロビンソンが「経済学の第2の危機」を講演した時期と重なっている。

第六章

＊1　新野・置塩は歴史的な制度である資本主義を、あたかも普遍的な制度としてみなす分析を非科学的と位置づけた。二人の見方にしたがえば、資本主義という歴史的な制度にはどのような特徴と矛盾があるのかまで遡って、失業の原因を分析する必要がある。しかし、ケインズは、必ずしも資本主義を普遍的な制度とまでは見なしていなかった。この点については本章の後半を参照。
＊2　ケインズとマルクスの考え方の類似点は、前掲『ケインズの講義　1932―35年』一〇五―一〇七ページを参照。
＊3　マルクスの剰余価値論に関心のある読者は森田成也『資本と剰余価値の理論――マルクス剰余価値論の再構成』（作品社、二〇〇八年）が参考になる。
＊4　ケインズは古典派の貨幣数量説を『貨幣論』で批判したが、『一般理論』では『貨幣論』における議論を発展させ、貨幣量の増加が物価上昇をもたらすだけではなく生産量や雇用量にも影響を与えることを明らかにしている。
＊5　廣松渉『今こそマルクスを読み返す』講談社現代新書、一九九〇年、七ページ
＊6　廣松渉『マルクスの根本意想は何であったか』情況出版、二〇〇五年、一四―二〇ページを参照。
＊7　宇野弘蔵・櫻井毅『「資本論」と私』御茶の水書房、二〇〇八年、五ページ

＊8 前掲『今こそマルクスを読み返す』一四二ページ
＊9 カール・マルクス『資本論 第一巻（上） マルクス・コレクションⅣ』今井仁司他訳、筑摩書房、二〇〇五年、五五ページ
＊10 デヴィッド・ハーヴェイ『〈資本論〉入門』森田茂也・中村好孝訳、作品社、二〇一一年、三九ページを参照。
＊11 前掲『資本論 第一巻（上）』一〇九ページ
＊12 同前、一一三ページを参照。
＊13 マルクスの『資本論』では労働者と資本家だが、本書では前後の関係から雇用者と企業と呼ぶ。
＊14 前掲『資本論 第一巻（上）』四六一ページを参照。
＊15 前掲「経済学の第2の危機」三一五ページ
＊16 前掲『ケインズの講義 1932―35年』一四二ページ
＊17 同前
＊18 前掲『雇用、利子および貨幣の一般理論（上）』序文、p. xvii

あとがき

ケインズがマシン（政策）を開発したのは安定のためであり、成長のためではなかった。物価と雇用の安定こそが、重要なテーマだったからだ。ケインズにとって成長は目的ではなく、絶対的な必要を満たすための手段に過ぎなかった。年二％の成長（正確には資本ストックの成長）を一〇〇年も続ければ、人びとは経済的な問題から解放されると予測した理由もここにある。

ケインズは目的が達成される日までは「公平なものは不正であり、不正なものは公平であると偽らなければならない。なぜならば不正なものは有用であり、公平なものは有用ではないからである」（前掲「わが孫たちの経済的可能性」三九九ページ）と述べた。また、「貪《どん》欲《よく》や高利や警戒心は、いましばらくなおわれわれの神でなければならない。なぜならば、そのようなものだけが経済的必要という長いトンネルから、われわれを陽光のなかへと導いてくれることができるからである」（同前）とも述べた。

しかし、ケインズの予測から一〇〇年を待たずに、私たちはいまや不正なものを公平と偽ることも、貪欲を神として仰ぐことも必要のない瞬間を迎えている。それにもかかわらず、二〇〇八年秋の国際金融危機後にケインズのマシンを成長のために復活させようとする経済学者が簇生《そうせい》したのは、なぜだろうか。私の答えは、本文で示したのでここでは繰り返さない。

現在の日本で深夜の高速バス料金が格安なのも、牛丼に代表されるファーストフードの値下げ競争が止まらないのも、過労死という悲惨な労災が収まらないのも、成長の停滞や過小な需要が原因ではない。原因は現在の日本に蔓延《はびこ》る非自発的雇用という労働の超過供給にある。大学新卒者の就職難が続いているのも、私は急速な進学率上昇による広い意味での超過供給が原因だと思っている。

ケインズは『一般理論』で、非自発的失業として現れる雇用不安の原因を需要不足に求めた。しかし、本書で示した非自発的雇用の原因は、現在の日本にも存在する需要不足だけを見ていてもわからない。需要が過小な場合だけではなく、供給が過剰な場合にも、需要不足は経済現象として現れるからだ。

その意味で、ケインズが『一般理論』で示した需要政策は、過小な需要が引き起こす雇用不安にはたしかに有効だった。しかし、同じ雇用不安でも、その真因が企業の労働力の買い叩きによって捏造《ねつぞう》された過剰な供給にあるときは、需要政策とは別のマシンが必要になる。それは過小な需要を補う政策ではなく、過剰な供給を制約する政策である。いまこそ「なさねばならない仕事があるならば、できるだけ多くの人に分かち与えようと——努める」（前掲「わが孫たちの経済的可能性」三九六ページ）ときではないか。そうでなければ、歴史的な資本主義の幕を閉じることによって私たちは暮らしと仕事を守らざるを得ないのである。

正直に告白すれば、私には本書よりも先に書きたいと思っていた本がある。戦後の日本を代表する二人のエコノミスト、高橋亀吉と下村治が一九七〇年前後に洞察していた高度成長後の日本経済論である。

順序が逆転したのは、先にも述べた二〇〇八年秋の国際金融危機後に現れたケインズ復活論が、あまりに的外れで、誤解に満ちていたからだ。ケインズは、高橋・下村の思考に強い影響を与えた経済学者である。そのケインズの真髄はマシン（政策）ではなく、フィロソフィー（思考）にあった。二人はケインズのフィロソフィーを引き継いだから、四〇年前に戦後日本における高度成長の終焉を見抜き、低（ゼロ）成長への転換と対応を訴えたのである。

高橋・下村の高度成長後の日本経済論は、現在においても異端である。その異端の議論を現在の日本が陥っている危機と重ねて紹介したいと思い筆を進めていた。しかし、途半ばで本書の執筆に切り換えた。ケインズの経済学を先に論じるほうが、二人のエコノミストを紹介する意義がより明確になると思ったからだ。結果的に、小著ながら七年ぶりの単著が完成した。

十数年前の発作で心臓の機能が普通の人の半分程度しかない私にとって、原稿を書く作業は鶴が自分の羽毛を紡いで機《はた》を織るような心身の消耗《しょうもう》を伴う。だから、相当の覚悟と恩返しの気持ちがなければワープロという織機《しょっき》に向かう覚悟も、また勇気も湧いてこない。今回、決心の機会を与えて下さったのはNHK出版の大場旦さんである。大場さんの巧妙なリードと説得がなければ、私はいつものように、思うだけで書かずに終わっていたに違いない。本書の実質的な共著者である大場さんには心から感謝を申し上げたい。

もちろん、書く前には研究しなければならない。本書は、山口二郎北海道大学教授が研究代表を務める科学研究費助成プロジェクト「市民社会民主主義の理念と政策に関する総合的考察」（基盤研究（S）、研究課題番号19103001）の成果の一部である。政治学者の研究会に、菲才《ひさい》な経済学者を招いてくれた山口教授にあらためて感謝を申しあげたい。また、立命館大学からは学外研究員制度や学内研究助成プログラムを通して支援を賜《たまわ》った。学園関係者にお礼を申し上げたい。

最後になったが、私の人生を支えてくれている家族、特に妻の美智代には、いつにもまして感謝の気持ちを伝えたい。また、私に命を授けてくれた父の留蔵と母の陽子にも感謝したい。そして、この五月に急逝した丈母の會田一枝に、私と妻の生活をいつも優しく見守ってくれた生前の御恩に対する感謝を込めて本書を捧げたい。

二〇一二年六月

高橋伸彰

校閲　大河原晶子
DTP　岸本つよし
著者写真提供　共同通信社

高橋伸彰 たかはし・のぶあき
1953年、北海道生まれ。早稲田大学政治経済学部卒業。
日本経済研究センター、通産省大臣官房企画室主任研究官、
米国ブルッキングス研究所客員研究員などを経て、
現在、立命館大学国際関係学部教授。専攻は日本経済論、経済政策。
著書に『数字に問う日本の豊かさ』(中公新書)、
『優しい経済学』(ちくま新書)、『少子高齢化の死角』(ミネルヴァ書房)、
『グローバル化と日本の課題』(岩波書店)など。

NHK出版新書 386

ケインズはこう言った
迷走日本を古典で斬る

2012(平成24)年8月10日 第1刷発行

著者 高橋伸彰 ©2012 Takahashi Nobuaki
発行者 溝口明秀
発行所 NHK出版
〒150-8081東京都渋谷区宇田川町41-1
電話 (03) 3780-3328 (編集) (0570) 000-321(販売)
http://www.nhk-book.co.jp (ホームページ)
http://www.nhk-book-k.jp (携帯電話サイト)
振替 00110-1-49701

ブックデザイン albireo
印刷 光邦・近代美術
製本 三森製本所

Printed in Japan ISBN978-4-14-088386-0 C0233

NHK出版新書好評既刊